Sachkundeprüfung im Bewachungsgewerbe

Sachkundeprüfung gemäß § 34 a GewO

Dr. phil. Ulrich Jochmann
Sicherheitsberater, vormals Leiter Managementsysteme
und Schutzbereiche der Klüh Service Management GmbH,
Mitglied der Prüfungsausschüsse Meister für Schutz und Sicherheit,
Geprüfte Schutz- und Sicherheitskraft sowie Sachkundeprüfung
der IHK Nürnberg

Jörg Zitzmann
Rechtsanwalt, Meister für Schutz und Sicherheit,
Dozent, Mitglied der Prüfungsausschüsse
Meister für Schutz und Sicherheit, Geprüfte Schutz- und Sicherheitskraft sowie Sachkundeprüfung der IHK Nürnberg

10., überarbeitete Auflage, 2015

BOORBERG

Ulrich Jochmann, Dr. phil., geb. 1948, war der langjährige Leiter Managementsysteme und Schutzbereiche der Klüh Service Management GmbH. Ihm oblag die Aufsicht über die Qualitätssicherung eines Verbundes von Fachunternehmen der Dienstleistungsbranche. Außerdem leitete er die Klüh Security Sicherheitsschule. Dr. Jochmann verfügt über umfangreiche Erfahrungen in der Konzeption und Durchführung von Ausbildungsgängen für Sicherheitspersonal. Er ist Fachbuchautor und Mitglied der Prüfungsausschüsse „Meister für Schutz und Sicherheit", „Geprüfte Schutz- und Sicherheitskraft" und „Sachkundeprüfung" der IHK Nürnberg.

Jörg Zitzmann, geb. 1967, ist als Rechtsanwalt mit den Schwerpunkten privates Sicherheitsrecht, Arbeitsrecht und Strafrecht in Nürnberg tätig. Er ist Meister für Schutz und Sicherheit, Inhaber der nach DIN EN ISO 9001:2008 und AZAV zertifizierten Sicherheitsschule Akademie für Sicherheit (AfS) in Nürnberg und Dozent der Industrie- und Handelskammern Frankfurt/Main und Nürnberg. Außerdem ist Herr Zitzmann Mitglied der Prüfungsausschüsse „Meister für Schutz und Sicherheit", „Geprüfte Schutz- und Sicherheitskraft" und „Sachkundeprüfung" der IHK Nürnberg.

Bibliografische Information der Deutschen Nationalbibliothek | Die Deutsche Nationalbibliothek verzeichnet diese Publikation in der Deutschen Nationalbibliografie; detaillierte bibliografische Daten sind im Internet über www.dnb.de abrufbar.

10. Auflage, 2015
ISBN 978-3-415-05531-5

Titelfoto: © RBV/pixelnest, bluedesign, Pixinoo, beermedia – Fotolia | Satz: Dörr + Schiller GmbH, Curiestraße 4, 70563 Stuttgart | Druck und Bindung: CPI books GmbH, Birkstraße 10, 25917 Leck

Richard Boorberg Verlag GmbH & Co KG | Scharrstraße 2 | 70563 Stuttgart
Stuttgart | München | Hannover | Berlin | Weimar | Dresden
www.boorberg.de

Vorwort zur 10. Auflage

Die Sachkundeprüfung für das Bewachungsgewerbe wurde mit der Neufassung des „Bewachungsrechts" eingeführt, das Anfang 2003 in Kraft trat. Mit den geänderten Vorschriften hatte der Gesetzgeber dazu beigetragen, den Zugang für eine berufliche Tätigkeit zum Schutz von Menschen und Sachwerten eindeutiger zu regeln. Zugleich sollten die Novellierungen des „Bewachungsrechts" helfen, rechtswidrigen Entwicklungen, insbesondere missbräuchlichen Interpretationen geltender Vorschriften durch sogenannte „schwarze Schafe", entgegenzuwirken.

Das Anliegen der Sachkundeprüfung besteht hauptsächlich darin, höhere Anforderungen an spezielle, in der Öffentlichkeit auszuübende Sicherungstätigkeiten zu stellen. Dies betrifft vor allem Kontrollgänge im öffentlichen Verkehrsraum und in Hausrechtsbereichen mit tatsächlich öffentlichem Verkehr, Tätigkeiten zum Schutz vor Ladendieben sowie Bewachungen im Einlassbereich von gastgewerblichen Diskotheken.

Die Sachkundeprüfung eröffnet erfolgreichen Absolventen aber nicht nur den Zugang zu den o.g. Arbeitsfeldern. Sie ermöglicht es darüber hinaus, als Bewachungsunternehmer oder als Bewachungspersonal tätig zu werden, ohne an der gesetzlich geforderten Unterrichtung (80 bzw. 40 Stunden) teilnehmen zu müssen. Das verleitet den einen oder anderen risikofreudigen Menschen dazu, „sein Glück zu versuchen", statt auf einschlägige Schulungsangebote zurückzugreifen.

Die Verfasser wollen mit dieser stark nachgefragten Neuauflage keineswegs die gründliche Vorbereitung der Sachkundeprüfung ersetzen. Vielmehr soll das vorliegende Buch die Vorbereitung auf die Sachkundeprüfung unterstützen. Aus dieser Absicht heraus sind die wesentlichen Inhalte des Rahmenstoffplanes der Sachkundeprüfung dargestellt worden. Damit wurden zugleich die in der „Unterrichtung für das Bewachungsgewerbe" enthaltenen Themen erfasst.

Die Autoren waren um eine übersichtliche und verständliche Darlegung des Stoffes bemüht. Im Interesse einer möglichst kurzen und einprägsamen Wiedergabe wurde auf ausschweifende Erläuterungen verzichtet. Beispiele, die das Verständnis einzelner Sachverhalte fördern, und Zusammenfassungen, die den Lernerfolg sichern, wurden weitgehend in eine Kurzform gebracht. Dadurch gelang es, die vielfältige Themenpalette im Interesse des Lesers auf das vorliegende Maß zu komprimieren.

Zu Beginn jedes Kapitels wird auf den Anteil hingewiesen, den das jeweilige Thema in der schriftlichen Sachkundeprüfung einnimmt. Wenn dieser z.B. „16 von 100" umfasst, bedeutet das, dass von 100 möglichen Punkten in diesem Sachgebiet 16 Punkte erreicht werden können – vorausgesetzt, alle Fragen werden richtig beantwortet.

Für eine Vorbereitung auf die Sachkundeprüfung ist es notwendig, sich ausnahmslos mit sämtlichen Themen dieses Buches auseinanderzusetzen, da sie alle Gegenstand der Prüfung sein können. Im Kapitel 10 werden zusätzlich spezielle Hinweise für eine erfolgreiche Prüfung gegeben. Als Wiederholung des gelernten Stoffs und weitere Prüfungsvorbereitung empfehlen wir das Online-Repetitorium unter www.sachkun.de.

Aufgrund des breiten inhaltlichen Spektrums ist der Nutzwert des Buches nach der Sachkundeprüfung keinesfalls erschöpft. Das Werk kann durchaus als Kompendium für viele Fragen der Bewachungstätigkeit verstanden werden.

Im Sommer 2015 Die Verfasser

Inhaltsverzeichnis

1. Recht der öffentlichen Sicherheit und Ordnung

1.1 Einführung

Das Thema Recht der öffentlichen Sicherheit hat in der schriftlichen Prüfung den Umfang 8 von 100 und zählt zu einem der Schwerpunkte der mündlichen Prüfung.

> **Hinweis:**
> In diesem Kapitel geht es zunächst um die Abgrenzung zwischen öffentlichem und privatem Recht. Anschließend wird das Verhältnis und die Abgrenzung von den Aufgaben, Befugnissen und Wirkungsbereichen öffentlicher und privater Institutionen erläutert. Schließlich werden die Grundrechte und die Verfassungsprinzipien aus dem Grundgesetz dargestellt.

1.2 Was ist Recht?

Unter **Recht** versteht man die „Gesamtheit aller Rechtssätze“, das heißt alle rechtlichen Normierungen in einem Staat. Im Folgenden geht es ausschließlich um rechtliche Regelungen in Deutschland. Darunter fallen:

- Gesetze wie z.B. das Grundgesetz (GG), das Bürgerliche Gesetzbuch (BGB), das Strafgesetzbuch (StGB), die Gewerbeordnung (GewO) etc.,
- Verordnungen wie z.B. die Bewachungsverordnung (BewachV),
- Satzungen, z.B. von Gemeinden oder Landratsämtern,
- Rechtsprechung (Urteile von Gerichten),
- Gewohnheitsrecht (findet z.B. beim Schichtwechsel im Wachdienst eine Übergabe statt, erhält diese Zeit meist nur einer der beiden Mitarbeiter bezahlt).

Keine der Vorschriften darf gegen eine höherwertige verstoßen. So ist ein Gesetz, das nicht mit dem Grundgesetz vereinbar ist, nichtig. Einfache Gesetze sind höherwertig als Verordnungen, diese wiederum sind höherwertig als Satzungen.

1.3 Rechtsarten

Es gibt zwei verschiedene **Rechtsarten:**

- **Öffentliches Recht**

und

- **Privates Recht** (auch Zivilrecht oder bürgerliches Recht genannt).

Öffentliches Recht (ÖR) und Privates Recht (PR) können wie folgt unterschieden werden:

Im **ÖR** geht es um ein Rechtsverhältnis zwischen Staat und Bürger (z. B. im Strafrecht, Steuerrecht, Gewerberecht oder Waffenrecht). So wird zum Beispiel im Strafrecht der Täter (Bürger), wenn er eine Straftat begangen hat, vom Richter (vertritt den Staat) verurteilt.

> **Hinweis:**
> Unter Staat versteht man ein „Gebilde", das sich aus Staatsvolk (wir), Staatsland (Bundesgebiet) und einer Staatsmacht (Regierung) zusammensetzt.

Im **PR** geht es um ein Rechtsverhältnis zwischen Bürger und Bürger, wobei „Bürger" z. B. auch eine private Firma sein kann (z. B. im Arbeitsrecht, Kaufrecht, Mietrecht, Familienrecht oder bei Schadensersatzforderungen zwischen Privatpersonen/-unternehmen).

- **Achtung: Auch der Staat kann ausnahmsweise im PR „wie ein Bürger" auftreten, z. B. wenn ein Bürger einer Gemeinde Büroeinrichtung für das Rathaus kauft.**

Die Unterscheidung ist deswegen wichtig, da es Fälle gibt, in denen beide Rechtsgebiete betroffen sind.

Beispiel:
Wird ein Sicherheitsmitarbeiter von einem Täter verletzt, so muss sich der Täter vor dem Strafgericht verantworten und wird wegen Körperverletzung (§ 223 StGB) verurteilt (Strafrecht/ÖR). Unabhängig davon kann der Sicherheitsmitarbeiter vor dem Zivilgericht vom Täter Schadensersatz und Schmerzensgeld einklagen (BGB/PR).

Das sichere Unterscheiden beider Rechtsarten ist für die Sachkundeprüfung unerlässlich!

1.4 Unterscheidung zwischen Öffentlichem und Privatem Recht

Im **ÖR** besteht ein **Über-Unterordnungsverhältnis** zugunsten des Staates, das heißt, der Staat gibt die Regeln vor, an die sich der Bürger zu halten hat, außer diese Regeln verstoßen gegen das Grundgesetz. So regelt der Staat z. B., unter welchen Voraussetzungen ein Bürger ein Bewachungsgewerbe eröffnen darf (Genehmigung der zuständigen Behörde gemäß GewO). Erfüllt der Bürger die Voraussetzungen, die der Staat vorgibt, nicht, so erhält er auch keine Genehmigung.

Im Gegensatz dazu sind im **PR** beide Seiten **gleichberechtigt**. Verhandeln zum Beispiel Arbeitgeber und ein neu einzustellender Mitarbeiter (beides Bürger) über die Konditionen des Arbeitsvertrages, so kann keiner den anderen zu etwas zwingen, da beide gleichberechtigt sind. Nur wenn beide sich einigen, kommt der Vertrag zustande. Selbst dann kann keiner den anderen zu etwas zwingen, da beide (im gesetzlichen Rahmen) ein Kündigungsrecht haben.

1.5 Handlungsweise öffentlicher und privater Institutionen

Wenn der Staat im Rahmen des ÖR gegenüber einem Bürger tätig wird, so geschieht das durch die zuständigen (Sicherheits-)Behörden bzw. deren Beamten (z. B. wenn ein Polizist den Ausweis eines Verdächtigen kontrolliert). Bei dieser Amtshandlung wird der Polizist nicht als private Person, sondern in seiner Funktion als Beamter **hoheitlich** (obrigkeitlich) tätig, was bedeutet, dass der Beamte spezielle Aufgaben und Befugnisse vom Staat übertragen bekommen hat und somit über mehr Rechte verfügt als eine private Person.

Da es aber in einem Rechtsstaat ausgeschlossen sein muss, dass jeder, der ein Recht gegen einen anderen zu haben glaubt, dieses Recht selbst durchsetzt (Faustrecht), hat der Staat das **Gewaltmonopol**.

Das bedeutet, dass grundsätzlich nur der Staat Gewalt anwenden darf. Will ein Bürger seine Rechte durchsetzen, so muss er sich grundsätzlich an den Staat wenden (wenn z. B. ein Arbeitgeber keinen Lohn ausbezahlt, darf ihn der betroffene Arbeitnehmer nicht mit Gewalt dazu zwingen, sondern muss sich an den Staat wenden, im Beispielsfall an das zuständige Arbeitsgericht).

Ausnahmen vom Gewaltmonopol bilden jedoch die sogenannten **Jedermannsrechte.**

So darf sich u. a. im Rahmen der Notwehr jeder mit erforderlichen und gebotenen Mitteln, also gegebenenfalls sogar mit „körperlicher Gewalt“ selbst gegen einen Angriff verteidigen, ohne sich erst an den Staat wenden zu müssen.

Wenn ein Bürger nach PR einem anderen Bürgern gegenüber tätig wird, z. B. aufgrund der Jedermannsrechte (A verteidigt sich gegen B in Notwehr), so wird er nicht hoheitlich tätig, sondern ist dem anderen Bürger gegenüber gleichberechtigt, sodass keiner mehr Rechte hat als der andere, grundsätzlich auch nicht ein Sicherheitsmitarbeiter im Dienst (Ausnahme: Hausrecht)!

Zuständigkeitsbereiche

Da die Polizei in Deutschland grundsätzlich Sache der einzelnen Bundesländer ist, wird sie als ein ausführendes Organ des Staates aufgrund der Polizeigesetze der einzelnen Länder tätig. Zuständig ist sie grundsätzlich nur im **öffentlichen Bereich**, es sei denn im Privatbereich ist etwas passiert, was die öffentliche Sicherheit betrifft, z. B. eine Straftat.

Private Sicherheitsdienstleister dagegen werden aufgrund der Jedermannsrechte tätig (z. B. Notwehr, Notstände, Selbsthilfe etc.) und sind grundsätzlich nur in nichtöffentlichen Hausrechtsbereichen zuständig (**privater Bereich**).

Daraus ergibt sich, dass sich Rechte, Pflichten und Einsatzbereiche öffentlicher und privater Institutionen grundsätzlich nicht überschneiden.

1.6 Grundgesetz

1.6.1 Grundrechte

Der eigentliche Sinn der Grundrechte ist der Schutz des einzelnen Bürgers vor dem Staat. Zu starke Eingriffe in die Rechte des Bürgers (beispielsweise grundlose Hausdurchsuchungen durch die Polizei) sollen dadurch vermieden werden.

Die Grundrechte haben jedoch auch im Umgang der Bürger untereinander eine große Bedeutung (sogenannte Drittwirkung). So dürfen auch Mitarbeiter einer Wachfirma nicht die Grundrechte anderer Personen verletzen. Im Einzelnen sind Kenntnisse über folgende Artikel notwendig:

Art. 1: Die **Menschenwürde** ist unantastbar. Verstöße gegen die Menschenwürde sind u. a.:
- öffentliche Bloßstellung (z. B. bei einer vorläufigen Festnahme),
- Diskriminierung (wegen Herkunft, Rasse, Religion o. Ä.),
- körperliche Kontrolle durch Andersgeschlechtliche (Wachdienstmitarbeiterin tastet männlichen Besucher ab).

Die Menschenwürde hat jeder Mensch von Geburt an, sie muss nicht erst übertragen werden.

Art. 2:
- Recht auf **freie Entfaltung der Persönlichkeit** (jeder darf tun und lassen, was er will, solange er nicht gegen Gesetze oder Rechte anderer verstößt),
- Recht auf **Leben** (keine Todesstrafe, Tötung eines Menschen strafbar),
- Recht auf **körperliche Unversehrtheit** (Körperverletzung strafbar),
- Recht auf **Freiheit** der Person (Freiheitsberaubung grundsätzlich strafbar).

Art. 3: **Gleichheitsgrundsatz**
Alle Menschen sind gleich (und sind **gleich zu behandeln**).

Art. 5: **Meinungs- und Pressefreiheit**
Jeder darf seine Meinung äußern, wie er will, solange er damit nicht gegen Gesetze (z. B. § 185 StGB, Beleidigung) oder Rechte anderer verstößt.

Art. 10: **Brief-, Post-, Fernmeldegeheimnis**
Briefe, Poststücke, Telefongespräche, Telefaxe etc. anderer dürfen grundsätzlich weder vom Staat noch von Privaten gelesen, abgehört o. Ä. werden.

Art. 12: **Berufsfreiheit**
Jeder kann den Beruf wählen, den er möchte, doch kann der Staat Zugangsvoraussetzungen festlegen, z. B. Sachkundeprüfung für Ladendetektive.

Art. 13: **Unverletzlichkeit der Wohnung**
Dieses Recht gewährleistet, dass der Besitzer grundsätzlich frei bestimmen kann, wer seinen privaten Bereich betreten darf und wer nicht – Hausrecht.

Art. 14: **Eigentum** wird gewährleistet, aber verpflichtet!
Jeder darf Eigentum haben, aber es darf von dem Eigentum keine Gefahr für andere ausgehen, z. B. dürfen Passanten nicht von einem Einsturz gefährdeten Haus bedroht sein.

Art. 19: **Einschränkung von Grundrechten**
Grundrechte dürfen nur auf der Grundlage eines Gesetzes eingeschränkt werden.

Art. 104: Zulässigkeit und Ausgestaltung der **Freiheitsentziehung**
Dieser Artikel bietet Schutz vor unberechtigtem Freiheitsentzug, so muss z. B. ein von der Polizei festgenommener Täter spätestens am nächsten Tag dem Haftrichter vorgeführt werden, der über die weitere Haft entscheidet.

Wichtig: Das Grundgesetz kann nur eingeschränkt werden, wenn eine gesetzliche, verfassungsmäßige Vorschrift dies erlaubt und die Einschränkung allgemeingültig ist.

1.6.2 Verfassungsprinzipien

In Art. 20 GG sind die **Verfassungsprinzipien** Deutschlands verankert. Dies sind im Einzelnen:

- **Demokratie** (alle Macht geht vom Volk aus, Volksvertreter werden gewählt),
- **Sozialstaat** (die Lebensbedingungen der Bürger sollen nicht zu weit auseinandergehen, daher gibt es z. B. Sozialhilfe oder Kindergeld),
- **Rechtsstaat** (Rechtsgrundlagen wie: „Keine Strafe ohne Gesetz“),

- **Republik** (kein Staatsoberhaupt aufgrund Geburt oder auf Lebenszeit),
- **Bundesstaat** (Föderalismus, d.h., es gibt zwei Ebenen, nämlich Bund und Bundesländer mit unterschiedlichen Kompetenzen – Beispiel: Polizei ist grundsätzlich Ländersache, Ausnahmen u.a. Bundeskriminalamt, Bundespolizei).

In Art. 20 GG ist auch festgelegt, dass in Deutschland das Prinzip der **Gewaltenteilung** gilt. Es gibt drei Gewalten:
- **Judikative** (richterliche Gewalt = Gerichte),
- **Legislative** (gesetzgebende Gewalt = Bundestag/-rat),
- **Exekutive** (ausführende Gewalt = Polizei/Sicherheitsbehörden).

Der Sinn dieser Teilung ist, dass sich die Gewalten gegenseitig kontrollieren und somit ein wirksamer Schutz vor Missbrauch gewährleistet wird. Will beispielsweise ein Staatsanwalt – Exekutive – für einen Straftäter einen Haftbefehl beantragen, so muss erst ein Richter – Judikative – überprüfen, ob die gesetzlichen Vorgaben – Legislative – eingehalten wurden.

1.7 Public Private Partnership

Public Private Partnership ist „neudeutsch" und bedeutet Zusammenarbeit zwischen öffentlichen und privaten Stellen. Hintergrund ist die Unterstützung staatlicher Stellen z.B. durch private Sicherheitsdienstleister (beispielsweise Geld- und Werttransport, Sicherung öffentlicher Verkehrsmittel, Bestreifung öffentlicher oder öffentlich zugänglicher Bereiche wie Ladenpassagen).

Aber auch dann ist das Gewaltmonopol des Staates zu beachten, und dass daher den Privaten grundsätzlich „nur" die Jedermannsrechte zustehen.

Ausnahmsweise können Mitarbeiter privater Sicherheitsdienste nach Absprache mit den Sicherheitsbehörden jedoch eingeschränkte hoheitliche Rechte ausüben. Anwendungsbereiche sind hier z.B. Überwachung des ruhenden Verkehrs, Kontrolle der Zufahrt von Parkplätzen im öffentlichen Bereich bei Veranstaltungen oder die unter 6.9 im Zusammenhang mit verbotenen Gegenständen oder Betäubungsmitteln genannten Vorgehensweisen.

1.8 Zusammenfassung

Das in Deutschland geltende Recht setzt sich aus Gesetzen, Verordnungen, Satzungen, Rechtsprechung und Gewohnheitsrecht zusammen.

Das Recht wird aufgeteilt in Öffentliches Recht (Staat – Bürger) und Privates Recht (Bürger – Bürger).

Staatliche Stellen handeln hoheitlich, private Stellen gleichberechtigt.

Der Staat hat das Gewaltmonopol, die Bürger (auch die Sicherheitsmitarbeiter) haben die Jedermannsrechte inne.

Die Polizei handelt hoheitlich und ist grundsätzlich nur im öffentlichen Bereich zuständig, private Sicherheitsmitarbeiter handeln nach den Jedermannsrechten und sind grundsätzlich nur in privaten Hausrechtsbereichen tätig.

Das Grundgesetz schützt den Bürger vor dem Staat, aber auch die Bürger untereinander.

Unter einer „Public Private Partnership" versteht man eine Zusammenarbeit zwischen öffentlichen und privaten Stellen (z.B. zwischen Polizei, Ordnungsamt und privatem Wachdienst auf einer Veranstaltung).

2. Gewerberecht

Das Thema Gewerberecht hat in der schriftlichen Prüfung den Umfang 4 von 100, das heißt, es sollte in der Vorbereitung nicht überbewertet werden. Es sollte aber auch nicht vernachlässigt werden, da es zu den Schwerpunkten der mündlichen Prüfung zählt.

> **Hinweis:**
> Dieser Themenbereich gliedert sich in die Gewerbeordnung (GewO) und die darauf basierende Bewachungsverordnung (BewachV).

2.1 Gewerbeordnung

In der Gewerbeordnung (GewO) ist geregelt, unter welchen Voraussetzungen man ein Gewerbe selbstständig ausüben darf.

Unter **Gewerbe** versteht man eine selbstständige, auf Dauer angelegte und auf Gewinn ausgerichtete Tätigkeit, die nicht zu einem freien Beruf (z. B. Arzt, Rechtsanwalt) zählt.

Selbstständig ist eine Tätigkeit grundsätzlich u. a. dann, wenn kein Arbeitsverhältnis vorliegt, mehrere Auftraggeber vorhanden sind, keine Weisungsgebundenheit vorliegt und eigene Werbung gemacht wird.

Neben allgemeinen, hier relevanten Paragrafen wie §§ 14, 29, 144 GewO ist vor allem der Inhalt des § 34 a GewO, der das Bewachungsgewerbe regelt, zu beachten.

2.1.1 Anzeigepflicht (§ 14 GewO)

Nach § 14 GewO ist derjenige, der ein Gewerbe selbstständig ausüben will, verpflichtet, dies der zuständigen Behörde zu melden.

Die gleiche Verpflichtung gilt, wenn der Betrieb verlegt, sein Zweck geändert oder der Betrieb aufgegeben wird.

Zweck dieser Vorschrift ist es, der zuständigen Behörde zu ermöglichen, den Gewerbebetrieb zu überwachen.

2.1.2 Auskunft und Nachschau (§ 29 GewO)

Der Gewerbetreibende hat der zuständigen Behörde die zur Überwachung notwendigen Auskünfte auf Verlangen unentgeltlich mündlich und/oder schriftlich zu erteilen.

Zu den üblichen Geschäftszeiten (bei Gefahr im Verzug auch außerhalb) ist die zuständige Behörde befugt, die Geschäftsräume zur Prüfung und Besichtigung zu betreten, sich die geschäftlichen Unterlagen vorlegen zu lassen und in diese Einsicht zu nehmen.

2.1.3 Bewachungsgewerbe (§ 34 a GewO)

§ 34 a GewO regelt u. a., unter welchen Voraussetzungen man ein Bewachungsgewerbe eröffnen darf, welche Bedingungen erfüllt sein müssen, damit eine Person als Mitarbeiter in einem Sicherungsunternehmen beschäftigt werden kann, und welche Personen eine Sachkundeprüfung benötigen.

2.1.3.1 Eröffnung

Für die gewerbsmäßige Bewachung des Lebens fremder Personen oder fremden Eigentums bedarf es der Erlaubnis der zuständigen Behörde.

Das heißt, dass im Gegensatz zur Ausübung anderer Gewerbe hier die zuständige Behörde erst die folgenden Voraussetzungen prüft, ehe man das Gewerbe ausüben darf.

Die Behörde erteilt die Erlaubnis erst nach der Prüfung folgender Kriterien:

a) Es muss die Zuverlässigkeit nachgewiesen werden. Darunter versteht man einen einwandfreien Leumund, also ~~keinen relevanten Eintrag im **behördlichen** Führungszeugnis~~ (unbeschränkte Auskunft aus dem Bundeszentralregister), z. B. Vorstrafe wg. Verstoßes gegen das Waffengesetz. Zur Prüfung holt die ~~zuständige Behörde eine unbeschränkte Auskunft aus dem Bundeszentralregister (behördliches Führungszeugnis)~~ ein.

b) Man muss die erforderlichen Sicherheiten (Haftpflichtversicherung) und Mittel (Kapital zum Start des Gewerbes) nachweisen.

c) Man muss einen Schulungsnachweis vorlegen, wonach man an einer ~~80-stündigen Unterrichtung~~ gemäß § 34 a GewO bei einer IHK teilgenommen hat (oder einen „ersatzweise" anerkannten Abschluss besitzt – siehe § 5 BewachV).

Sachkundeprüfung belegen

d) Haftpflichtversicherung

E) Geordnete vermögen verhältnisse

2.1.3.2 Mitarbeiter

Für Mitarbeiter gilt, dass diese ebenfalls (im oben genannten Rahmen) ihre Zuverlässigkeit und zudem eine Unterrichtung (allerdings nur über 40 Stunden) nachweisen müssen.

Es gibt jedoch einige Ausnahmen, unter denen der Betroffene (Selbstständiger/Unselbstständiger) von der Unterrichtung nach § 34a GewO befreit ist. Diese sind in der Bewachungsverordnung geregelt.

Erfüllt ein Selbstständiger oder ein Mitarbeiter die Voraussetzungen, insbesondere die Zuverlässigkeit, nicht, so kann die Behörde die Ausübung des Gewerbes bzw. die Beschäftigung untersagen.

2.1.3.3 Sachkundeprüfung

Zum 1. Januar 2003 wurde eingeführt, dass für die Ausübung bestimmter Tätigkeiten in der Bewachungsbranche eine Sachkundeprüfung abgelegt werden muss. Der Grund dafür ist, dass in diesen Bereichen nur wirklich qualifiziertes Personal eingesetzt werden soll. Der Nachweis einer Sachkundeprüfung muss für folgende **Tätigkeiten** in folgenden **Bereichen** erbracht werden:

a) **Kontrollgänge im öffentlichen Verkehrsraum oder in Hausrechtsbereichen mit tatsächlich öffentlichem Verkehr**
   Hierunter fallen z.B. sogenannte „Citystreifen" oder Sicherheitspersonal, das in öffentlich zugänglichen Einkaufszentren, aber auch in Bahnhöfen eingesetzt wird.
b) **Schutz vor Ladendieben**
   Damit sind in erster Linie „Ladendetektive" gemeint, die aufgrund der potenziellen Konfrontationen mit Ladendieben ein erhöhtes Maß an Kenntnissen haben müssen. Aber auch sogenannte „Doormen", also eine Art Türsteher im Eingangsbereich von Läden, fallen unter diese Kategorie.
c) **Bewachungen im Einlassbereich von gastgewerblichen Diskotheken**
   Hiermit ist der „klassische" Türsteher gemeint, der an der Tür einer Diskothek das Hausrecht ausübt. Nicht darunter fallen Sicherheitskräfte, die anderweitige Einlasskontrollen durchführen, wie auf Veranstaltungen oder in anderen Lokalitäten als Diskotheken.

Im „Bewachungsrecht" gibt es spezielle Ausnahmeregelungen, wonach bestimmte Personen keine Sachkundeprüfung benötigen, wenn sie in den oben genannten Bereichen arbeiten möchten.

Hinweis:
Sämtliche vorstehende Regelungen gelten nur für Sicherheitsmitarbeiter, die das Leben fremder Personen oder fremdes Eigentum schützen sollen, also nicht Leben und Eigentum des eigenen Arbeitgebers.
Beispiel: Bewachen Mitarbeiter der Sicherheitsfirma W den Eingangsbereich des Kaufhauses D, so benötigen diese eine Sachkundeprüfung, um arbeiten zu dürfen. Wird der Eingangsbereich des Kaufhauses D aber von Kaufhausmitarbeitern gesichert, benötigen diese keine Sachkundeprüfung, ja nicht einmal eine Unterrichtung nach § 34 a GewO, da nicht „gewerbsmäßig" Leben fremder Personen oder fremdes Eigentum geschützt wird.

2.1.4 Ordnungswidrigkeiten (§ 144 GewO)

Wer vorsätzlich oder fahrlässig ein Gewerbe nach § 34 a GewO ohne die Erlaubnis der zuständigen Behörde ausübt, handelt ordnungswidrig.

Ebenso liegt eine Ordnungswidrigkeit vor, wenn gegen Vorschriften der Bewachungsverordnung verstoßen wird.

2.2 Bewachungsverordnung

Die Bewachungsverordnung (BewachV) basiert auf dem § 34 a GewO. Sie regelt Details der gewerbsmäßigen Ausübung eines Bewachungsgewerbes, die im Folgenden erläutert werden, soweit sie für die Sachkundeprüfung relevant sind.

2.2.1 Unterrichtungsverfahren/Sachkundeprüfung (§§ 1–5 f BewachV)

Die §§ 1–5 f BewachV befassen sich inhaltlich mit dem Unterrichtungsverfahren für Selbstständige und Unselbstständige sowie mit der Sachkundeprüfung.

Relevant ist hier der § 5 BewachV, der die Ausnahmeregelungen für das Unterrichtungsverfahren und die Sachkundeprüfung enthält:

a) **Befreiung von der Unterrichtung nach § 34 a GewO**
   Eine Unterrichtung nach § 34 a GewO benötigt **nicht**, wer,
   1. einen für das Bewachungsgewerbe einschlägigen Abschluss aufgrund von Rechtsverordnungen nach den §§ 4, 53 des Berufsbildungsgesetzes oder nach den §§ 25, 42 der Handwerksordnung erworben hat (Ausbildungsberuf Fachkraft für Schutz und Sicherheit),

2. für das Bewachungsgewerbe einschlägige Abschlüsse aufgrund von Rechtsvorschriften erworben hat, die von den Industrie- und Handelskammern nach § 54 des Berufsbildungsgesetzes erlassen worden sind,
3. Abschlüsse im Rahmen einer Laufbahnprüfung zumindest für den mittleren Polizeivollzugsdienst, auch in der Bundespolizei (ehemals Bundesgrenzschutz), für den mittleren Justizvollzugsdienst, den mittleren Zolldienst (mit Berechtigung zum Führen einer Waffe) und für Feldjäger in der Bundeswehr nachweist oder
4. erfolgreich eine Sachkundeprüfung nach § 5c Abs. 6 BewachV abgelegt hat.

b) **Befreiung von der Sachkundeprüfung**
Eine Sachkundeprüfung benötigt ausnahmsweise nicht, wer auch die Unterrichtung gem. § 34a GewO nicht absolvieren muss (s.o. Nr. 1–3).

c) **Befreiung von der Unterrichtung für angehende Gewerbetreibende:**
Bewachungspersonal, das an einer Unterrichtung nach § 34a GewO teilgenommen hat und seitdem eine mindestens dreijährige ununterbrochene Tätigkeit in der Bewachungsbranche nachweisen kann, benötigt keine weitere Unterrichtung, wenn es unternehmerisch (Bewachungsgewerbe) tätig werden will.

2.2.2 Haftpflichtversicherung (§ 6 BewachV) und Haftungsbeschränkung (§ 7 BewachV)

Der Gewerbetreibende muss für sich und die in seinem Gewerbebetrieb beschäftigten Personen eine Haftpflichtversicherung abschließen und aufrechterhalten, solange er das Gewerbe ausübt. Diese Versicherung soll Schäden decken, die den Auftraggebern oder Dritten bei der Durchführung des Bewachungsvertrages entstehen.

Beispiel:
Streifenfahrer S fährt zu schnell mit dem Dienstfahrzeug und beschädigt deswegen ein Tor des Kunden.

Die Versicherungssumme muss folgende Schadensfälle in den nachstehenden Mindesthöhen abdecken:

1. für Personenschäden	1 Million Euro,
2. für Sachschäden	250.000 Euro,
3. für das Abhandenkommen bewachter Sachen	15.000 Euro,
4. für reine Vermögensschäden	12.500 Euro.

Der Gewerbetreibende darf die Haftung aus der Bewachungstätigkeit nur bis zur Mindesthöhe der o.g. Versicherungssumme beschränken, soweit dies aufgrund anderer Rechtsvorschriften (z.B. BGB) zulässig ist.

Somit kann die Haftung für Sachschäden beispielsweise nicht auf einen Betrag 249.000 € beschränkt, wohl aber auf 500.000 € erhöht werden. Für die Geltendmachung von Ansprüchen können Ausschlussfristen vereinbart werden. Der Gewerbetreibende kann demnach festlegen, dass nur solche Ansprüche gegen ihn geltend gemacht werden können, die ihm innerhalb einer bestimmten Frist (z. B. 2 Wochen) zugehen.

2.2.3 Datenschutz, Wahrung von Geschäftsgeheimnissen (§ 8 BewachV)

§ 8 Abs. 1 BewachV legt die Anwendbarkeit des Bundesdatenschutzgesetzes (BDSG) auf das Bewachungsgewerbe fest. Details hierzu finden sich im Kapitel 3 dieses Buches.

Abs. 2 regelt, dass der Gewerbetreibende die in seinem Gewerbebetrieb beschäftigten Personen schriftlich verpflichten muss, auch nach ihrem Ausscheiden (aus dem Gewerbebetrieb) Geschäfts- und Betriebsgeheimnisse Dritter, die ihnen in Ausübung des Dienstes bekannt geworden sind, nicht unbefugt zu offenbaren.

Das bedeutet, dass jeder Mitarbeiter seiner Sicherheitsfirma gegenüber schriftlich bestätigen muss, dass er Geschäftsgeheimnisse, die er im Rahmen seines Dienstes beim Kunden mitbekommt (z. B. Produktionsabläufe, Neuentwicklungen o. Ä.) niemand anderem mitteilt, und zwar auch dann nicht, wenn er selbst nicht mehr bei der Sicherheitsfirma arbeitet.

2.2.4 Beschäftigte (§ 9 BewachV)

Der Gewerbetreibende darf mit Bewachungsaufgaben nur Personen beschäftigen, die

- zuverlässig sind,
- das 18. Lebensjahr vollendet haben (oder einen Abschluss als Fachkraft für Schutz und Sicherheit besitzen),
- einen Unterrichtungsnachweis vorlegen,
- ein Prüfungszeugnis nach § 5 Abs. 6 oder § 5 Abs. 1 Nr. 1 bis 3 BewachV (s. Kapitel 2.2.1 Buchstabe a) vorlegen oder
- eine Bescheinigung des früheren Gewerbetreibenden vorlegen, wonach sie schon vor dem 1. April 1996 und seither ununterbrochen im Bewachungsgewerbe arbeiten.

Von der zuständigen Behörde wird (wie oben erläutert) eine unbeschränkte Auskunft aus dem Bundeszentralregister (behördliches Führungszeugnis) zur Überprüfung der Zuverlässigkeit eingeholt.

Beachte:
1. Der Gewerbetreibende muss den Sicherheitsmitarbeiter vor Beginn der Tätigkeit unter Vorlage der o. g. Unterlagen der zuständigen Behörde melden, sonst darf die Person nicht eingesetzt werden.
2. Das Ausscheiden von Sicherheitsmitarbeitern muss er bis zum 31. März des Folgejahres melden.

2.2.5 Dienstanweisung (§ 10 BewachV)

Der Gewerbetreibende hat den Sicherheitsdienst durch eine schriftliche Dienstanweisung zu regeln. Die Dienstanweisung muss beinhalten, dass die Sicherheitsmitarbeiter nicht die Befugnisse eines Polizeibeamten, eines Hilfspolizeibeamten oder eines sonstigen Bediensteten einer Behörde besitzen (hoheitliche/obrigkeitliche Rechte).

Die Dienstanweisung muss zudem bestimmen, dass die Mitarbeiter während des Dienstes nur mit Zustimmung des Gewerbetreibenden eine Schusswaffe, Hieb- und Stoßwaffen sowie Reizstoffsprühgeräte führen dürfen und jeden Gebrauch dieser Waffen unverzüglich der zuständigen Polizeidienststelle und dem Gewerbetreibenden anzuzeigen haben.

Der Gewerbetreibende hat jedem Sicherheitsmitarbeiter einen Abdruck der **Dienstanweisung** sowie der **Unfallverhütungsvorschrift** Wach- und Sicherungsdienste (BGV C 7, seit dem 01.05.2014: DGUV Vorschrift 23) auszuhändigen.

Der Mitarbeiter muss dem Arbeitgeber schriftlich bestätigen, dass er sie erhalten hat.

2.2.6 Ausweis (§ 11 BewachV)

Der Gewerbetreibende muss den Sicherheitsmitarbeitern einen Dienstausweis ausstellen, damit sich diese den zuständigen Behörden gegenüber ausweisen können.

Der Ausweis muss folgenden Inhalt haben:
- Namen und Vornamen des Sicherheitsmitarbeiters,
- Namen und Anschrift des Gewerbetreibenden,
- Lichtbild des Sicherheitsmitarbeiters
- Unterschriften des Sicherheitsmitarbeiters und des Gewerbetreibenden, seines Vertreters oder seines Bevollmächtigten.

Der Ausweis muss sich von amtlichen Ausweisen (z. B. Ausweis der Polizei) deutlich unterscheiden, damit keine Verwechslungsgefahr besteht.

Der Gewerbetreibende hat die Ausweise fortlaufend zu nummerieren und in ein Verzeichnis einzutragen. Sinn dieser Vorschrift ist es, einen Überblick über die Anzahl der ausgegebenen Ausweise zu ermöglichen.

Der Gewerbetreibende hat sein Sicherheitspersonal schriftlich zu verpflichten, während des Dienstes den Ausweis mitzuführen und den Beauftragten der zuständigen Behörde auf Verlangen vorzuzeigen.

Sicherheitsmitarbeiter, die Kontrollgänge im öffentlichen Bereich oder in Hausrechtsbereichen durchführen, sowie Türsteher gastgewerblicher Diskotheken müssen sichtbar ein Schild mit ihrem Namen oder ihrer Kennnummer sowie mit dem Namen des Gewerbetreibenden tragen. Das sichtbare Tragen des Schilds bzw. der Kennnummer soll bewirken, dass die Wachleute sich korrekt verhalten, da sie wissen, dass man sie leicht identifizieren kann.

2.2.7 Dienstkleidung (§ 12 BewachV)

Falls das Sicherheitspersonal eine Dienstkleidung tragen soll, darf diese nicht mit Uniformen der Angehörigen von Streitkräften oder behördlichen Vollzugsorganen zu verwechseln sein. Dasselbe gilt für Abzeichen. Auch hier soll verhindert werden, dass Außenstehende die privaten Sicherheitsmitarbeiter für hoheitliche Kräfte halten. Außenstehende müssen ohne Probleme erkennen können, dass es sich um Personen ohne hoheitliche Befugnisse handelt.

Das Tragen einer Dienstkleidung wird vorgeschrieben, wenn das Sicherheitspersonal zur Ausübung seines Dienstes eingefriedetes Besitztum (eingezäuntes Gelände/Gebäude) betreten soll. Damit wird gewährleistet, dass Sicherheitskräfte auch als solche zu erkennen sind.

2.2.8 Buchführung und Aufbewahrung (§ 14 BewachV)

Der Gewerbetreibende hat Aufzeichnungen zu machen sowie Unterlagen und Belege übersichtlich zu sammeln.

Diese Pflicht erstreckt sich u.a. auf Folgendes:
- Jeden Bewachungsvertrag, Namen und Anschrift des jeweiligen Auftraggebers, Inhalt und Art des jeweiligen Auftrages sowie das Datum des jeweiligen Vertragsabschlusses,
- schriftliche Verpflichtung der Wachleute, den Ausweis mitzuführen und vorzuzeigen bzw. das Namensschild oder eine Kennnummer sichtbar zu tragen (s. Kapitel 2.2.6), sowie das Verzeichnis der Ausweisinhaber und ein Ausweismuster,

- Verpflichtungserklärung der Mitarbeiter zur Geheimhaltung (s. Kapitel 2.2.3),
- Haftpflichtversicherungsvertrag,
- Dienstanweisung,
- Nachweise über Unterrichtung/Sachkundeprüfung, Zuverlässigkeit und Anmeldung von Wachpersonen (bei der zuständigen Behörde),
- Empfangsbestätigung der Mitarbeiter über den Erhalt einer Dienstanweisung sowie BGV C 7, seit dem 01.05.2014: DGUV Vorschrift 23,
- behördliche Bestätigung der Schusswaffenträger sowie Anzeigen über Schusswaffengebrauch.

2.2.9 Unterrichtung der Gewerbeämter (§ 15 BewachV)

Wenn gegen einen Mitarbeiter, der einen Unterrichtungsnachweis oder einen Nachweis über die Sachkundeprüfung erbringen musste, strafrechtlich ermittelt wird und der Tatvorwurf Zweifel an der Eignung oder Zuverlässigkeit dieser Person hervorruft, müssen die jeweilige Staatsanwaltschaft und das jeweilige Gericht folgende Informationen an die für die Überwachung des Bewachungsunternehmens zuständige Behörde richten:

1. Der Erlass und der Vollzug eines Haft- oder Unterbringungsbefehls,
2. die Anklageschrift oder eine an ihre Stelle tretende Antragsschrift,
3. der Antrag auf Erlass eines Strafbefehls,
4. die das Verfahren abschließende Entscheidung mit Begründung.

2.2.10 Ordnungswidrigkeiten (§ 16 BewachV)

Für den Fall, dass gegen die in diesem Kapitel genannten Vorschriften verstoßen wird, ist in der BewachV festgelegt, wann es sich um eine Ordnungswidrigkeit handelt.

Ordnungswidrig handelt, wer vorsätzlich oder fahrlässig

- eine Haftpflichtversicherung nicht abschließt oder nicht während der Dauer der Gewerbeausübung aufrechterhält,
- eine in seinem Gewerbebetrieb beschäftigte Person nicht oder nicht in der vorgeschriebenen Weise zur Geheimhaltung verpflichtet,
- eine Person in der Bewachung beschäftigt, die nicht die vorgeschriebenen Voraussetzungen (Zuverlässigkeit etc.) erfüllt,
- eine Meldung über Wachpersonen nicht, nicht richtig, nicht vollständig, nicht in der vorgeschriebenen Weise oder nicht rechtzeitig macht,
- den Wachdienst nicht durch schriftliche Dienstanweisung regelt,
- einen Ausweis nicht oder nicht richtig ausstellt,
- einen Ausweis nicht oder nicht in der vorgeschriebenen Weise trägt,

- eine Aufzeichnung nicht, nicht richtig, nicht vollständig, nicht in der vorgeschriebenen Weise oder nicht rechtzeitig macht oder
- eine Aufzeichnung, eine Unterlage oder einen Beleg nicht oder nicht für die per Gesetz/Verordnung vorgeschriebene Dauer aufbewahrt.

Eine solche Ordnungswidrigkeit kann mit einem Bußgeld von bis zu 3.000 € geahndet werden. Die meisten dieser Ordnungswidrigkeiten betreffen den Selbstständigen; aber auch ein Unselbstständiger kann betroffen sein, z. B. wenn er sein Namensschild bzw. seine Kennnummer nicht oder nicht in der vorgeschriebenen Weise trägt.

3. Bewachungsspezifische Aspekte des Datenschutzes

Das Thema Datenschutz hat in der schriftlichen Prüfung den Umfang 4 von 100, das heißt, es sollte in der Vorbereitung nicht überbewertet werden. Es sollte aber auch nicht vernachlässigt werden, da es zu den Schwerpunkten in der mündlichen Prüfung zählt.

Hinweise:

1. Das für die Prüfung relevante Datenschutzrecht ist im Bundesdatenschutzgesetz (BDSG) geregelt. Daneben gibt es noch Datenschutzgesetze der einzelnen Bundesländer, die in der Prüfung aber nicht berücksichtigt werden.
2. Eine weitere datenschutzrechtliche Vorschrift, die in der Prüfung vorkommen könnte, ist der § 8 BewachV (siehe dort).

3.1 Grundsätzliches und Begriffsbestimmungen

Laut § 1 BDSG soll das Bundesdatenschutzgesetz den Einzelnen davor schützen, dass er durch den Umgang mit seinen personenbezogenen Daten in seinem Persönlichkeitsrecht beeinträchtigt wird, da jeder das Recht auf **informationelle Selbstbestimmung** hat (im Rahmen der freien Entfaltung seiner Persönlichkeit gemäß Art. 2 Abs. 1 GG).

Ein Verstoß läge beispielsweise vor, wenn der Hausarzt, der einen Arbeitnehmer behandelt, ohne Wissen des Patienten Informationen über seinen Gesundheitszustand an den Arbeitgeber weitergibt.

Der Schutz gilt aber nicht nur für den einzelnen Bürger (sog. natürliche Person), sondern auch für Firmen, Vereinigungen etc. (sog. juristische Person). Zu beachten ist dabei, dass sowohl „öffentliche Stellen" (staatliche Stellen wie Behörden, Gerichte und Ämter) als auch „nicht-öffentliche Stellen" (natürliche Personen und juristische Personen wie private Unternehmen, also auch Sicherheitsunternehmen und deren Kunden) zur Einhaltung des BDSG verpflichtet sind.

§ 3 BDSG definiert Begriffe, die im Gesetz vorkommen:

Personenbezogene Daten sind demnach Einzelangaben über persönliche oder sachliche Verhältnisse einer bestimmten oder bestimmbaren natürlichen Person (Betroffener). Darunter fallen Daten wie Name, Vorname, Geburtsname, Geburtsdatum, Geburtsort, Krankendaten etc.

Unter **automatisierter Verarbeitung** versteht man die Erhebung, Verarbeitung oder Nutzung personenbezogener Daten unter Einsatz von Computern. Eine **nicht automatisierte Datei** dagegen ist jede nicht automatisierte Sammlung personenbezogener Daten, z. B. eine Speicherung in Karteikarten oder Akten.

Erheben ist das Beschaffen von Daten über den Betroffenen, wobei personenbezogene Daten nach § 4 BDSG grundsätzlich beim Betroffenen selbst zu erheben sind.

Verarbeiten ist das Speichern, Verändern, Übermitteln, Sperren und Löschen personenbezogener Daten.

> **Hinweise:**
> **Speichern:** Archivierung der Daten auf einer Festplatte, einem USB-Stick, einer CD, in einer Cloud o. Ä.
> **Verändern:** z. B. Ändern der Adresse wegen Umzugs
> **Übermitteln:** Weitergabe der Daten an einen Dritten
> **Sperren:** Einschränkung der Verarbeitung oder Nutzung durch andere
> **Löschen:** Vernichtung der Daten

3.2 Datenvermeidung und Datensparsamkeit

Nach § 3 a BDSG ist immer der Grundsatz der Datenvermeidung und der Datensparsamkeit zu beachten. Daher sollen möglichst wenige personenbezogene Daten erhoben und verarbeitet werden und nicht mehr benötigte Daten umgehend gelöscht oder unkenntlich gemacht werden.

Scheidet z. B. ein Mitarbeiter einer Wachfirma aus dem Unternehmen aus, so sind die nicht mehr benötigten Daten zu löschen, eine Zerstörung des Datenträgers ist nicht vorgeschrieben.

3.3 Zulässigkeit der Erhebung, Verarbeitung und Nutzung von Daten

Nach § 4 BDSG sind die Erhebung, Verarbeitung und Nutzung personenbezogener Daten nur zulässig, soweit das BDSG oder eine andere Rechtsvorschrift dies erlaubt oder anordnet oder der Betroffene schriftlich eingewilligt hat. Zudem muss unterschieden werden, ob die Daten für eigene Zwecke (§ 28 BDSG) oder für fremde Zwecke (§ 29 BDSG) erhoben, verarbeitet oder genutzt werden.

Das Erheben, Verarbeiten und Nutzen von Daten für **eigene** Zwecke ist erlaubt, wenn
- dies für einen Vertrag notwendig ist (z. B. Arbeitsvertrag),
- es zur Wahrung berechtigter Interessen geschieht (z. B. Bewachungsunternehmen speichert Daten über potenzielle Kunden) oder
- wenn die Daten aus allgemein zugänglichen Quellen stammen (Telefonbuch/Internet etc.).

Das Erheben, Verarbeiten und Nutzen von Daten für **fremde** Zwecke ist dagegen nur zulässig, wenn
- kein entgegenstehendes schutzwürdiges Interesse des Betroffenen gegeben ist (z. B. im obigen Fall die Weitergabe von Krankendaten) oder
- die Daten aus allgemein zugänglichen Quellen stammen.

3.4 Datenschutzbeauftragter

Da die öffentlichen und nicht öffentlichen Stellen zur Kontrolle der Einhaltung der datenschutzrechtlichen Bestimmungen verpflichtet sind, ist ein sogenannter Datenschutzbeauftragter gem. § 4 f BDSG zu bestellen, wenn personenbezogene Dateien automatisiert erhoben, verarbeitet oder genutzt werden. Dies gilt nicht, wenn es sich um eine **nicht öffentliche** Stelle handelt und nur neun **oder weniger** Arbeitnehmer Zugang zu den Daten haben.

Haben mindestens 20 Arbeitnehmer Zugriff auf die Daten, so ist ein Datenschutzbeauftragter auch bei nicht automatisierter Erhebung, Verarbeitung oder Nutzung zu bestellen.

3.5 Datengeheimnis

Nach § 5 BDSG ist es den mit der Datenverarbeitung beschäftigten Personen untersagt, personenbezogene Daten unbefugt zu erheben, zu verarbeiten oder zu nutzen (Datengeheimnis). Diese Personen sind, soweit sie von nicht öffentlichen Stellen beschäftigt werden, bei der Aufnahme ihrer Tätigkeit auf das Datengeheimnis zu verpflichten. Das Datengeheimnis besteht auch nach Beendigung ihrer Tätigkeit fort.

3.6 Rechte des Betroffenen und Schadensersatzpflicht

Nach § 6 BDSG hat der Betroffene hinsichtlich seiner personenbezogenen Daten unabdingbar das Recht auf

- Auskunft (z. B. Beantragen eines polizeilichen Führungszeugnisses),
- Berichtigung falscher Daten,
- Löschung, z. B. Entfernen einer unwirksamen Abmahnung aus der Personalakte,
- Sperrung (z. B. Daten der Mitarbeiter im Computer sind nur für wenige Personen mit Passwort zugänglich).

Werden zum ersten Mal personenbezogene Daten für eigene Zwecke ohne Kenntnis des Betroffenen gespeichert, ist der Betroffene über die Speicherung, die Art der Daten, die Zweckbestimmung der Erhebung, Verarbeitung oder Nutzung und über die Identität der verantwortlichen Stelle zu benachrichtigen (§ 33 BDSG). Füllt beispielsweise ein neuer Arbeitnehmer einen Einstellungsbogen aus, so ist er auf § 33 BDSG hinzuweisen, wenn der Arbeitgeber die Daten verarbeiten möchte.

Der Betroffene kann nach **§ 34 BDSG Auskunft** verlangen über

1. die zu seiner Person gespeicherten Daten, auch soweit sie sich auf die Herkunft dieser Daten beziehen,
2. Empfänger oder Kategorien von Empfängern, an die Daten weitergegeben werden, und
3. den Zweck der Speicherung.

Details zu Berichtigung, Löschung und Sperrung finden sich in § 35 BDSG.

Fügt eine verantwortliche (öffentliche oder nicht öffentliche) Stelle dem Betroffenen durch eine nach diesem Gesetz oder nach anderen Vorschriften über den Datenschutz unzulässige oder unrichtige Erhebung, Verarbeitung oder Nutzung seiner personenbezogenen Daten einen Schaden zu, ist sie dem Betroffenen gemäß § 7 BDSG zum Schadensersatz verpflichtet.

3.7 Technische/organisatorische Maßnahmen

Der § 9 BDSG regelt, dass von den öffentlichen und nicht-öffentlichen Stellen technische und organisatorische Maßnahmen getroffen werden sollen, die Verstöße gegen datenschutzrechtliche Vorschriften verhindern sollen.

Hier kommt z. B. in Betracht, dass nur ein begrenzter Personenkreis Zugang zu den Daten hat, die zudem mit Passwort geschützt sind und so Unbefugten der Zugriff erschwert wird.

Personenbezogene Daten (z. B. von Firmenmitarbeitern) können auch außerhalb des jeweiligen Firmengeländes gelagert werden, wenn gewährleistet ist, dass Unbefugte keinen Zugriff auf die Daten nehmen können.

3.8 Sonderzugangsrecht

Der § 38 BDSG legt fest, dass die von der Aufsichtsbehörde mit der Kontrolle beauftragten Personen befugt sind, während der Betriebs- und Geschäftszeiten Grundstücke und Geschäftsräume der jeweiligen Stelle zu betreten und dort Prüfungen und Besichtigungen vorzunehmen, soweit es zur Erfüllung der der Aufsichtsbehörde übertragenen Aufgaben (Überprüfung der Einhaltung datenschutzrechtlicher Bestimmungen) erforderlich ist.

Ein weitergehendes Recht (z. B. die Beschlagnahme von Daten o. Ä.) wird der Behörde nicht eingeräumt.

3.9 Ordnungswidrigkeit und Strafvorschrift

Eine Ordnungswidrigkeit begeht nach § 43 BDSG, wer gegen die vorgenannten Vorschriften vorsätzlich oder fahrlässig verstößt.

Er muss dann, je nach Schwere des Verstoßes, mit der Verhängung eines Bußgeldes rechnen.

Wird der Verstoß jedoch vorsätzlich mit dem Zweck begangen, sich oder einen anderen zu bereichern oder einem anderen einen Schaden zuzufügen, so liegt gemäß § 44 BDSG eine Straftat vor, die mit Geld- oder Freiheitsstrafe bis zu zwei Jahren geahndet werden kann. Die Tat wird jedoch nur auf Antrag verfolgt.

3.10 Überwachung durch Videokameras

Zum Zweck der Überwachung können u. U. Videokameras eingesetzt werden.

Auf öffentlich zugänglichem Privatgelände ist dies nach § 6b BDSG grundsätzlich zulässig, wenn

- es zur Wahrnehmung des Hausrechts oder berechtigter Interessen für konkret festgelegte Zwecke (z. B. Verhinderung von Straftaten) erforderlich ist
- keine schutzwürdigen Interessen des Betroffenen überwiegen
- auf die Kameras ausreichend hingewiesen wird und diese offen sichtbar sind (Ausnahme: Diebesfalle).

Werden die erhobenen Daten einer bestimmten Person zugeordnet, muss sie über die Überwachung unterrichtet werden.

Letztlich sind die Daten unverzüglich zu löschen, wenn der Zweck erreicht ist oder ein schutzwürdiges Interesse des Betroffenen der weiteren Speicherung entgegensteht (z. B. Überwachung von Geldautomaten).

Eine Überwachung von öffentlichem Bereich durch Private kann nur in Ausnahmefällen und mit Zustimmung der Aufsichtsbehörde erfolgen (z. B. Videoüberwachung eines öffentlichen Weges vor dem Betriebsgelände).

3.11 Zusammenfassung

- Sinn des BDSG ist es, den Einzelnen vor Missbrauch seiner personenbezogenen Daten (Name, Vorname, Adresse, Krankendaten o. Ä.) zu schützen.
- Das BDSG muss von öffentlichen und privaten Stellen beachtet werden.
- Personenbezogene Daten sind grundsätzlich beim Betroffenen zu erheben (mit schriftlicher Zustimmung), außer es liegt ein gesetzlicher Grund vor.
- Aufgabe des Datenschutzbeauftragten ist es, Datenmissbrauch im Betrieb zu verhindern.
- Verstöße gegen das BDSG sind Ordnungswidrigkeiten, außer die Tat wird vorsätzlich begangen, um sich oder andere zu bereichern oder einem anderen zu schaden. Dann liegt eine Straftat vor.
- Videoüberwachung ist im privaten Bereich grundsätzlich nur dann zulässig, wenn ausreichend auf die Videoüberwachung hingewiesen wird und die Kameras sichtbar sind.

4. Bürgerliches Recht

Das Thema Bürgerliches Recht hat in der schriftlichen Prüfung den Umfang 24 von 100. Es beinhaltet viel Grundlagenwissen, das auch für die mündliche Prüfung notwendig ist.

> **Hinweis:**
> Wie schon im Kapitel 1 erläutert, geht es im Bürgerlichen Recht, das u.a. im Bürgerlichen Gesetzbuch (BGB) geregelt ist, um Rechtsverhältnisse zwischen Bürgern wie z.B.
> - Verträge (Kaufvertrag, Arbeitsvertrag, Mietvertrag, ...),
> - Schadensersatzansprüche (Sicherheitsmitarbeiter verlangt vom Täter Schmerzensgeld, da dieser dem Sicherheitsmitarbeiter durch einen Schlag eine Platzwunde zugefügt hat) etc.

4.1 Eigentümer, Besitzer, Besitzdiener

Der **Eigentümer** einer Sache kann mit der Sache grundsätzlich frei verfahren und andere von jeglicher Einwirkung ausschließen (§ 903 BGB). Ihm gehört die Sache, da er sie rechtmäßig erworben hat (beispielsweise durch Kauf). Er hat die sogenannte **rechtliche Gewalt** über die Sache (z.B. Vermieter einer Mietwohnung, Eigentümer eines Grundstücks).

Eigentümer einer Sache können auch mehrere Personen sein. Sie sind dann „Miteigentümer“.

Der (unmittelbare) **Besitzer** einer Sache ist derjenige, der gerade Zugriff auf eine Sache hat, unabhängig davon, ob er Zugriff haben darf (z.B. Mieter einer Wohnung, Dieb einer Sache, Finder einer Sache). Er übt damit die sogenannte **tatsächliche Gewalt** über die Sache aus (§ 854 BGB).

Der **Besitzdiener** (§ 855 BGB) ist derjenige,
- der für den Besitzer (nicht für den Eigentümer!) ggf. dessen Rechte ausübt (z.B. Hausrecht, s.u.),
- der die **tatsächliche Gewalt für den Besitzer** ausübt (der Zugriff auf die Sache hat),
- der aber **weisungsgebunden** ist (deswegen erhalten Wachleute eine Dienstanweisung) und
- der **sozial abhängig** ist (er bekommt Lohn für seine Tätigkeit).

Unter **Hausrecht** versteht man die Befugnis, grundsätzlich (Ausnahme: Sonderzugangsrechte) entscheiden zu dürfen, wer einen Hausrechtsbereich betreten darf und wer ihn wieder verlassen muss. Zudem darf der Hausrechtsinhaber sich überall im Hausrechtsbereich aufhalten. Der Besitzdiener darf das **Hausrecht** nur insoweit ausüben, wie es ihm übertragen ist. Er darf also z.B. nicht gegen den Willen des Besitzers jemanden des bewachten Geländes verweisen.

Eigentümer, Besitzer oder Besitzdiener kann nur sein, wer rechtsfähig ist. Nach § 1 BGB beginnt die **Rechtsfähigkeit** des Menschen automatisch mit der Vollendung der Geburt, muss also nicht vom Staat „zuerkannt" werden. Sie endet mit dem Tod, sodass ein Toter weder Eigentümer, Besitzer oder Besitzdiener einer Sache sein kann.

4.2 Verbotene Eigenmacht (§ 858 BGB)

Unter **„Verbotener Eigenmacht"** nach § 858 BGB versteht man eine (mehrere) „nicht erlaubte Handlung(en)" gegen eine andere Person. Laut Gesetz sind das entweder

- ein Besitzentzug (= z.B. Diebstahl nach dem StGB) oder
- eine Besitzstörung (= z.B. Hausfriedensbruch nach dem StGB).

> **Hinweis:**
> Der Begriff „Verbotene Eigenmacht" darf nicht mit dem Begriff „Unerlaubte Handlung" (vgl. § 823 BGB – s. Kapitel 4.3) verwechselt werden!

4.2.1 Selbsthilfe des Besitzers (§ 859 BGB)

Der § 859 BGB regelt, dass sich der Besitzer einer Sache gegen die Verbotene Eigenmacht (§ 858 BGB) „mit Gewalt" (sog. Besitzwehr/Besitzkehr) wehren darf, wobei der Grundsatz der „Verhältnismäßigkeit der Mittel" zu beachten ist. So kann beispielsweise der Besitzer eines Fahrrades den Dieb mit Gewalt daran hindern, das Fahrrad zu stehlen, wenn er den Täter während der Tatbegehung erwischt. Er darf aber nicht auf den Täter schießen, da das „überzogen" und damit nicht verhältnismäßig wäre.

4.2.2 Selbsthilfe des Besitzdieners (§ 860 BGB)

Nach § 860 BGB hat der Besitzdiener dasselbe Recht zur Selbsthilfe wie der Besitzer nach § 859 BGB. Demnach kann auch der Besitzdiener für den Besitzer gegen eine Verbotene Eigenmacht vorgehen, wenn der Besitzer ihm seine Besitzrechte weisungsgebunden und sozialabhängig übertragen hat.

Beispiel:
Ein Sicherheitsmitarbeiter bringt eine Person, die ein Hausverbot erhalten hat, gegen deren Willen vom bewachten Gelände.

Auch der Besitzdiener muss stets den „Grundsatz der Verhältnismäßigkeit" beachten. Er besagt – einfach ausgedrückt –, man solle „nicht mit Kanonen auf Spatzen" schießen.

Hinweis:
Neben der Selbsthilfe des Besitzers (§ 859 BGB) und der Selbsthilfe des Besitzdieners (§ 860 BGB) gibt es noch eine (allgemeine) Selbsthilfe, § 229 BGB (s. Kapitel 4.6). Alle drei sollten sicher unterschieden werden können!

4.3 Schadenersatzpflicht/Unerlaubte Handlung (§§ 823 ff. BGB)

Wer einem anderen vorsätzlich oder fahrlässig einen Schaden zufügt (an Leben, Körper, Gesundheit, Freiheit, Eigentum oder einem sonstigen Rechtsgut), muss den daraus entstandenen Schaden ersetzen (sogenannte Verschuldenshaftung – § 823 Abs. 1 BGB).

Beispiel:
Lars Langfinger bricht (vorsätzlich) eine Lagerhalle auf. Er muss den verursachten Schaden ersetzen, da er ihn vorsätzlich herbeigeführt, also verschuldet hat.

Dasselbe gilt, wenn der Verursacher gegen ein sogenanntes „Schutzgesetz" verstößt (§ 823 Abs. 2 BGB, z. B. Verstoß gegen das Strafgesetzbuch).

Beispiel:
Frau Elster stiehlt eine CD. Sie begeht damit einen Diebstahl nach § 242 StGB und muss den entstandenen Schaden ersetzen, weil sie gegen ein „Schutzgesetz" (§ 242 StGB soll vor Diebstahl schützen) verstoßen hat.

Ausnahme:
Die Haftung kann entfallen, wenn der „Täter" für die Schädigung einen **Rechtfertigungsgrund** hat. Das „Opfer" erhält dann keinen Schadensersatz. Wird zum Beispiel ein Türsteher grundlos von einem Gast mit einem Messer angegriffen und der Gast wird, obwohl sich der Türsteher nur mit einem gezielten Schlag mit der Hand gegen den Angriff verteidigt, verletzt, so hat der Türsteher zwar theoretisch eine „Unerlaubte Handlung" begangen. Er muss aber keinen Schadensersatz leisten, da er einen Rechtfertigungsgrund, nämlich Notwehr, § 227 BGB (s. Kapitel 4.5.1), hatte und somit nicht widerrechtlich gehandelt hat.

4.3.1 Haftung für unerlaubte Handlungen Minderjähriger

Minderjährige bis zur Vollendung des 7. Lebensjahres haften für angerichtete Schäden nicht. Vom 7. bis zum 10. Lebensjahr haften Minderjährige nicht für fahrlässig im Straßen- oder Schienenverkehr verursachte Schäden.

Darüber hinaus haften Minderjährige bis zum 18. Lebensjahr für anderen zugefügte Schäden nur, wenn die „zur Erkenntnis der Verantwortlichkeit erforderliche Einsicht“ vorliegt.

Achtung:
Eltern haften entgegen anderweitigen Behauptungen auf Baustellenschildern **nicht** für ihre Kinder, sondern allenfalls für die Verletzung ihrer eigenen Aufsichtspflicht.

4.3.2 Tierhalterhaftung

Nach § 833 BGB (Tierhalterhaftung) haftet ein Tierhalter grundsätzlich dann, wenn durch das Tier ein Schaden entsteht, unabhängig davon, ob er den Schaden vorsätzlich oder fahrlässig verursacht hat (sogenannte Gefährdungshaftung). Beißt beispielsweise ein Hund ein Kind, so muss der Hundehalter (bzw. seine Haftpflichtversicherung) den Schaden grundsätzlich ersetzen. Diese Haftung tritt ausnahmsweise nicht ein, wenn

- das Tier beruflich genutzt wird (Wachhund) und
- der Halter die erforderliche Sorgfalt beachtet hat oder der Schaden trotz Beachtung der Sorgfalt eingetreten ist.

Beispiel:
Hundeführer Wilhelm Bell führt seinen Wachhund Hasso an der kurzen Leine. Trotz Warnung nähert sich Herr Neugierig, um Hasso zu streicheln. Hasso fühlt sich angegriffen und beißt Herrn Neugierig. Wilhelm Bell haftet nicht und muss keinen Schadensersatz leisten.

4.4 Schikaneverbot (§ 226 BGB)

Die Ausübung eines Rechtes ist nach § 226 BGB unzulässig, wenn sie nur dem Zweck dient, einem anderen Schaden zuzufügen.

Beispiel:
Steven Schikane führt jeden Tag Arbeiten im Rahmen einer vertraglich vereinbarten Taschenkontrolle bei Mitarbeiter Armin Sau extra ausführlich durch, damit dieser seinen Bus verpasst. Alle anderen Mitarbeiter kontrolliert Schikane gar nicht oder nur kurz. Obwohl Herr Schikane das Recht hat, den Armin Sau zu kon-

trollieren, darf er ihn nicht schikanieren. Er muss ihn also gleich behandeln, das heißt Armin Sau weniger oder die anderen mehr kontrollieren.

4.5 Spezielle Rechtfertigungsgründe im BGB

Hinweis:
Von einem Rechtfertigungsgrund wird gesprochen, wenn eine Handlung, die normalerweise widerrechtlich wäre, von einem Gesetz ausdrücklich erlaubt wird.

Neben den Rechtfertigungsgründen im StGB und in der StPO (s. Kapitel 5.4) gibt es auch Rechtfertigungsgründe im BGB. Diese sogenannten Jedermannsrechte müssen für die Prüfung bekannt sein. Dazu gehören:
- § 227 BGB, Notwehr
- § 228 BGB, Verteidigender Notstand
- § 229 BGB, Selbsthilfe
- § 859 BGB, Selbsthilfe des Besitzers
- § 860 BGB, Selbsthilfe des Besitzdieners
- § 904 BGB, Angreifender Notstand.

4.5.1 Notwehr (§ 227 BGB, § 32 StGB)

Hinweis:
Die **Notwehr** im § 227 BGB entspricht inhaltlich exakt dem § 32 StGB (vgl. Kapitel 5.4).

a) Abgrenzung von § 227 BGB zu § 32 StGB:
Die Unterscheidung „Öffentliches Recht/Strafrecht" einerseits und „Bürgerliches Recht" andererseits (s. Kapitel 1) im Allgemeinen muss hier im Speziellen beherrscht werden. Warum gibt es die Notwehr im BGB und im StGB und wozu muss man den Unterschied kennen?
Die Notwehr im BGB ist zur Abwehr von Schadensersatzansprüchen aus Unerlaubter Handlung (§ 823 BGB) notwendig (z. B. ein Angreifer, der Schmerzensgeld will, weil er von einer Notwehrhandlung verletzt wurde). Zwar hat der Sicherheitsmitarbeiter den Angreifer vorsätzlich verletzt und wäre damit eigentlich schadensersatzpflichtig. Da die vorsätzliche Verletzung aber in Notwehr (§ 227 BGB) geschah, war sie nicht widerrechtlich und der Sicherheitsmitarbeiter muss keinen Schadensersatz leisten.
Die Notwehr im StGB ist notwendig, damit man für sein Tun nicht bestraft wird (z. B. ein Sicherheitsmitarbeiter, der einen Angreifer in Notwehr schlägt). Der Sicherheitsmitarbeiter hat zwar eine (vorsätzliche)

Körperverletzung nach § 223 StGB begangen, wird aber nicht bestraft, da er in Notwehr und daher nicht rechtswidrig gehandelt hat.

b) Fazit:
Die Notwehr (§ 227 BGB) hilft also gegen ungerechtfertigte finanzielle Forderungen anderer Bürger sowie (§ 32 StGB) gegen die ungerechtfertigte Verfolgung durch den Staat (Staatsanwalt oder Richter).

4.5.2 Verteidigender (defensiver) Notstand (§ 228 BGB)

Hinweis:
Der **Verteidigende Notstand** ist so eine Art „Not-Abwehr" gegen Sachen und Tiere (die Notwehr nach § 32 StGB und § 227 BGB ist nur gegen menschliche Angriffe möglich).

Es muss eine gegenwärtige, nicht anders abwendbare Gefahr bestehen, die von einem Tier oder einer Sache ausgeht (Angriff eines Hundes/durch Sturm entwurzelter Baum). Um diese Gefahr abzuwenden, wird das Tier oder die Sache, von dem/der die Gefahr ausgeht, beschädigt oder zerstört (Hund wird durch Tritt verletzt/entwurzelter Baum abgesägt, ehe er auf ein Haus fallen kann). Diese Maßnahme ist nach § 228 BGB in Ordnung, wenn der Schaden, der an dem Tier oder der Sache angerichtet wird, „nicht außer Verhältnis" zu dem drohenden Schaden steht. Das bedeutet, dass der durch die Notstandshandlung angerichtete Schaden nicht viel größer sein darf als der Schaden, der eingetreten wäre, wenn nichts unternommen worden wäre.

Richtig:
Herr Neugierig wehrt sich mit Pfefferspray gegen Hasso, der ihn beißen will.
Herr Neugierig wehrt sich mit Pfefferspray gegen Hasso, der seinen eigenen Hund Dolly Dackel beißen will.

Falsch:
Samuel Sägebarth sägt einen Baum seines Nachbarn Fred Püschel ab, da die Gefahr besteht, dass durch die Blätter des Baums zum wiederholten Male die Dachrinne seines Hauses verstopft wird.

Merke:
Mit der durch § 228 BGB erlaubten Maßnahme darf nur das Tier oder die Sache beeinträchtigt werden, von dem/der die Gefahr ausgeht.

Sachen sind nach § 90 BGB nur körperliche Gegenstände (z. B. Stift, Holzscheit, Buch). Tiere sind nach § 90 a BGB aber keine Sachen, sie werden durch besondere Gesetze geschützt.

4.5.3 Angreifender (aggressiver) Notstand (§ 904 BGB)

Während es beim verteidigenden Notstand (vgl. Kapitel 4.5.2) nur um das Verhältnis Mensch gegen Tier/Sache geht und alle Maßnahmen zwischen diesen beiden „Parteien" stattfinden müssen, wird beim angreifenden Notstand der Besitz einer „neutralen", dritten Person beeinträchtigt.

Wie beim verteidigenden Notstand besteht eine gegenwärtige, nicht anders abwendbare Gefahr, die z. B. von einem Tier oder einer Sache ausgeht. Um die Gefahr abzuwehren, verteidigt sich der Angegriffene aber nicht direkt gegen das Tier/die Sache, sondern greift in das Eigentum eines Unbeteiligten ein.

Schulfall:
X wird von einem Hund angegriffen. Um sich gegen den Hund zu verteidigen, reißt er aus dem Zaun des Nachbarn N eine Latte.

Beispiel:
Sicherheitsmitarbeiter Leo Löscher bemerkt auf seinem Rundgang einen brennenden Mülleimer. Da keinerlei andere Löschmöglichkeiten vorhanden sind, verwendet er die Jacke des Mitarbeiters Armin Sau als Löschdecke, wodurch diese stark beschädigt wird.

Dies ist aber nur erlaubt, wenn der drohende Schaden (Hundebiss, Hausbrand) sehr viel höher wäre als der Schaden, der bei dem Unbeteiligten angerichtet wird (kaputte Zaunlatte, angebrannte Jacke). Der unbeteiligte Dritte hat jedoch Anspruch auf Schadensersatz gegen den Schädiger, also im Beispiel gegen den, der die Zaunlatte herausreißt/die Jacke zum Löschen verwendet. Der Schädiger (Leo Löscher) seinerseits hat wieder einen Schadensersatzanspruch gegen den Hundehalter/Feuerverursacher. Im Beispielfall haftet allerdings nicht der Sicherheitsmitarbeiter, sondern sein Arbeitgeber, da der Sicherheitsmitarbeiter für ihn tätig geworden ist.

Hinweis:
Neben den beiden gerade genannten „Notständen" gibt es im StGB noch den „Rechtfertigenden Notstand", § 34 StGB (s. Kapitel 5.4).

4.6 Selbsthilfe (§ 229 BGB)

Die Selbsthilfe nach § 229 BGB ist sozusagen das Gegenstück zur Vorläufigen Festnahme nach § 127 Abs. 1 StPO. Die Selbsthilfe bietet jedoch weiterreichende Befugnisse.

- Eine **Sache** darf **weggenommen, beschädigt** oder **zerstört** werden,

- ein **Verpflichteter**, der der Flucht verdächtig ist, darf **festgenommen** werden,
- der **Widerstand** eines Verpflichteten gegen eine Handlung, die dieser zu dulden verpflichtet ist, darf **beseitigt** werden,

wenn
- **obrigkeitliche Hilfe** (Gericht/Polizei) **nicht rechtzeitig** zu erreichen ist und
- **ohne sofortiges Eingreifen** die Gefahr besteht, dass die Verwirklichung des **Anspruchs** vereitelt oder wesentlich erschwert wird.

Beispiel:
Ulli Unbekannt wirft durch Unachtsamkeit ein Fahrrad um, das gegen das Auto des Werkschutzmitarbeiters Willi Wachsam fällt (Schaden entsteht) und will verschwinden. Wachsam darf den Unbekannt nach § 229 BGB festnehmen, da dieser verpflichtet ist, den Schaden zu ersetzen, die Polizei aber nicht (rechtzeitig) vor Ort ist und der Anspruch gegen ihn entweder nicht mehr oder nur sehr schwer durchgesetzt werden kann, falls er unerkannt entkommt.

Ein Vorläufige Festnahme nach § 127 Abs. 1 StPO kommt nicht in Betracht, weil der Unbekannte keine Straftat begangen hat (die Straftat der Sachbeschädigung, § 303 StGB, scheidet aus, denn sie muss mit Vorsatz erfolgen).

Wird die Selbsthilfe jedoch irrtümlich ausgeübt (Wachmann hält aus Versehen den falschen Täter fest), muss der entstandene Schaden ersetzt werden.

Hinweis:
Alle vorgenannten Vorschriften des BGB sind prüfungsrelevant und müssen beherrscht werden.
Ihre Unterscheidung untereinander und die Abgrenzung zu Vorschriften des StGB wird in der Sachkundeprüfung immer wieder abgeprüft.

4.7 Wichtige Unterscheidungskriterien der Rechtfertigungsgründe

Selbsthilfe des Besitzers/Besitzdieners (§§ 859, 860 BGB): Die Selbsthilfehandlung muss sofort erfolgen. Es ist jedoch egal, ob der Täter bekannt oder unbekannt ist.

Selbsthilfe (§ 229 BGB)/**Vorläufige Festnahme** (§ 127 StPO): Die Selbsthilfehandlung muss nicht sofort erfolgen, Ziel ist die Durchsetzbarkeit eines Anspruchs (z. B. Schadenersatz oder Schmerzensgeld). Selbsthilfe kann unter Umständen gegen Personen ab sieben Jahren (Geschäftsfähigkeit) ausgeübt werden; die vorläufige Festnahme (§ 127 StPO) ist erst von Personen ab 14 Jahren (Strafmündigkeit) zulässig.

Notwehr/Nothilfe (§ 227 BGB/§ 32 StGB): Die Notwehr ist nur gegen menschliche Angriffe (nicht gegen Tiere!) zulässig, die gegen einen selbst (= Notwehr) oder irgendeine andere Person (= Nothilfe) gerichtet sind.

Verteidigender Notstand (§ 228 BGB): Nur **direkt** gegen ein Tier/eine Sache, von dem/der eine Gefahr ausgeht, nicht gegen Menschen.

Angreifender Notstand (§ 904 BGB): Gegen Gefahren, aufgrund derer ein Unbeteiligter einen Schaden erleidet oder erleiden könnte (Beispiel: Um ein Kind aus einem brennenden Haus zu retten, schlägt Horst Helfer die Tür ein).

4.8 Verhältnismäßigkeit

Jede Maßnahme, egal ob sie auf eine rechtliche Grundlage aus dem BGB, dem StGB oder auch der StPO gestützt wird, muss verhältnismäßig sein.

Das bedeutet, dass die Maßnahme angemessen sein muss. Man darf nicht übertrieben reagieren. Was man selbst macht, muss im Rahmen bleiben oder wie der Volksmund sagt, man darf nicht mit Kanonen auf Spatzen schießen.

> **Beispiel:**
> Wenn Nino Nimmersatt einen Schokoriegel stiehlt, darf man ihm nicht den Arm brechen, um ihn an der Flucht zu hindern.

4.9 Zusammenfassung

Im BGB gibt es folgende Rechtfertigungsgründe:
- § 227 BGB, Notwehr (z. B. Verteidigung gegen einen Angreifer),
- § 228 BGB, verteidigender Notstand (z. B. Abwehrhandlung direkt gegen ein Tier),
- § 229 BGB, Selbsthilfe (zur Durchsetzung eines zivilrechtlichen Anspruches gegen Unbekannte),
- § 859 BGB, Selbsthilfe des Besitzers gegen Verbotene Eigenmacht,
- § 860 BGB, Selbsthilfe des Besitzdieners gegen Verbotene Eigenmacht,
- § 904 BGB, angreifender Notstand (z. B. Abwehrhandlung gegen ein Tier unter Zuhilfenahme eines Gegenstandes, der einem Unbeteiligten gehört).

Dem Eigentümer gehört eine Sache, der Besitzer hat im Moment den Zugriff darauf, der Besitzdiener wird für den Besitzer nach Anweisung gegen Geld tätig und übt nach Übertragung dessen Rechte aus.

Wer einem anderen einen Schaden vorsätzlich oder fahrlässig zufügt, muss ihm den Schaden ersetzen, es sei denn, er hatte einen Rechtfertigungsgrund.

Der Tierhalter haftet grundsätzlich immer, es sei denn für ein beruflich genutztes Tier. Hier haftet er nur für Vorsatz und Fahrlässigkeit.

Keiner darf sein Recht missbrauchen und andere schikanieren.

5. Straf- und Strafverfahrensrecht

Das Thema Straf- und Strafverfahrensrecht hat in der schriftlichen Prüfung den Umfang 24 von 100. Es beinhaltet viel Grundlagenwissen, das auch für die mündliche Prüfung notwendig ist.

5.1 Grundlagen

Das Strafrecht ist im Strafgesetzbuch (StGB) geregelt. Es gliedert sich in einen

- Allgemeinen Teil (Grundlagen, z. B. Versuch, Täterschaft, Beihilfe etc.), der auch für strafrechtliche Nebengesetze wie z. B.
  das **Betäubungsmittelgesetz** (§§ 29 ff. BtMG),
  das **Waffengesetz** (§§ 51 f. WaffG),
  die **Gewerbeordnung** (§ 148 GewO) und
  das **Bundesdatenschutzgesetz** (§ 44 BDSG)
  gilt und einen
- Besonderen Teil (Tatbestände, z. B. Diebstahl, Betrug und jeweilige Strafandrohung).

§ 1 StGB legt fest, dass es keine Strafe ohne (vorheriges) Gesetz geben darf. Es muss also zunächst ein Gesetz vorhanden sein, bevor man dagegen verstoßen kann.

§ 11 StGB definiert u. a. bestimmte Begriffe wie „Angehöriger“, „Amtsträger“ oder „Richter“.

§ 14 StGB regelt das „Handeln für einen anderen“. Das ist z. B. der Fall, bei einem vertretungsberechtigten Vorstand eines eingetragenen Vereins oder auch bei Eltern, die für ihre Kinder handeln.

5.1.1 Vorsatz/Fahrlässigkeit (§ 15 StGB)

Nach § 15 StGB ist grundsätzlich nur vorsätzliches Handeln strafbar, es sei denn, das Gesetz sieht für fahrlässiges Handeln ausdrücklich eine Strafe vor.

Vorsatz bedeutet, dass der Täter mit Wissen und Wollen handelt; das, was er tut, macht er absichtlich (Mord, Raub, vorsätzliche Körperverletzung).

Beispiel:
Lars Langfinger holt aus und schlägt der Kaufhausdetektivin Sherly Holm gezielt und mit voller Wucht ins Gesicht.

Fahrlässigkeit bedeutet dagegen, dass der Täter die notwendige Sorgfalt außer Acht lässt, die Folge seines Verhaltens also nicht gewusst und gewollt eintritt.

Beispiel:
Beim Abbiegen mit dem Streifenfahrzeug übersieht Sicherheitsmitarbeiter Willi Wachsam den Radfahrer Ulrich Unsichtbar. Er fährt ihn ungewollt an. Unsichtbar stürzt vom Rad und bricht sich den Arm (fahrlässige Körperverletzung).

5.1.2 Versuch (§§ 22, 23 StGB)

Nach § 22 StGB versucht eine Straftat, wer nach seiner Vorstellung von der Tat **unmittelbar** zur Verwirklichung des Tatbestandes **ansetzt** (z. B. ein Dieb, der eine Tür aufbricht, um die dahinterliegende Wohnung auszuräumen). Der Täter ist also über das Stadium der Vorbereitung schon hinaus, hat die Tat aber noch nicht vollendet.

Der Versuch eines Verbrechens ist **immer** strafbar, der Versuch eines Vergehens nur, wenn es im Gesetz steht.

Ein **Verbrechen** ist eine Straftat, deren **Mindeststrafe** 1 Jahr Freiheitsstrafe oder mehr ist (u. a. Mord, Totschlag, Raub, Meineid, ...).

Ein **Vergehen** ist eine Straftat, deren **Mindeststrafe** unter 1 Jahr Freiheitsstrafe liegt oder (sogar) nur eine Geldstrafe als Mindeststrafe vorsieht (u. a. Hausfriedensbruch, Sachbeschädigung, Diebstahl, Unterschlagung, ...).

Eine **Ordnungswidrigkeit** (z. B. Falschparken) kann dagegen mit einem Bußgeld oder einer Verwarnung geahndet werden.

5.1.3 Täterschaft, Anstiftung, Beihilfe (§§ 25, 26, 27 StGB)

Eine Straftat kann man nach § 25 StGB u. a. entweder selbst alleine begehen (**Alleintäter**) oder mit anderen zusammen (**Mittäter**).

Anstifter nach § 26 StGB ist, wer einen anderen auf die Ideee bringt, eine vorsätzliche, rechtswidrige Straftat zu begehen.

Eine **Beihilfe** gem. § 27 StGB leistet, wer vorsätzlich einem anderen bei dessen vorsätzlicher, rechtswidriger Straftat Hilfe leistet, ohne selbst (Mit-)Täter zu sein.

Beispiel:
Heidi Hilf besorgt Lars Langfinger einen Nachschlüssel zu einem Verwaltungsgebäude. Langfinger verschafft sich mit dem Schlüssel Zutritt und stiehlt einen wertvollen Computer. Langfinger ist Täter (besonders schwerer Fall des Diebstahls, §§ 242, 243 StGB), Hilf leistet „nur" Beihilfe zum besonders schweren Fall des Diebstahls (§§ 242, 243, 27 StGB).

5.1.4 Offizialdelikte/Antragsdelikte/Privatklagedelikte

Grundsätzlich wird jede Straftat, von der die Polizei oder Staatsanwaltschaft Kenntnis erlangt, von der Staatsanwaltschaft ermittelt.

Diese ist nach dem **Legalitätsprinzip** dazu verpflichtet, jede Straftat ohne Ansehen der Person (d. h., ohne zu unterscheiden, wer möglicherweise als Täter in Betracht kommt) zu verfolgen. Von sich aus tätig werden muss die Staatsanwaltschaft allerdings nur, soweit es sich um **Offizialdelikte** handelt, also Straftaten, die nicht als Antragsdelikte gekennzeichnet sind (das betrifft fast alle Straftaten).

Die Ausnahme bilden sogenannte **Antragsdelikte** (wenige „leichte" Straftaten). Diese werden von der Staatsanwaltschaft grundsätzlich nur dann verfolgt, wenn das Opfer der Straftat innerhalb von drei Monaten einen **Strafantrag** (nicht Strafanzeige!) gegen den Täter stellt.

Antragsdelikte im Prüfungsstoff sind:
- § 123 StGB, Hausfriedensbruch
- § 185 StGB, Beleidigung
- § 223 StGB, vorsätzliche (einfache) Körperverletzung
- § 229 StGB, fahrlässige Körperverletzung
- § 238 StGB, Nachstellung
- § 303 StGB, Sachbeschädigung.

Bei diesen sogenannten absoluten Antragsdelikten ist immer ein Antrag des Geschädigten erforderlich, es sei denn, die Staatsanwaltschaft stellt ein besonderes öffentliches Interesse an der Strafverfolgung fest. Sogenannte relative Antragsdelikte sind hingegen solche, bei denen nur dann ein Antrag gestellt werden muss, wenn der vermeintliche Täter und der mutmaßliche Geschädigte in einem besonderen Verhältnis zueinander stehen. So ist der Diebstahl z. B. ein Offizialdelikt, wird also grundsätzlich verfolgt. Der Diebstahl geringwertiger Sachen ist ein absolutes Antragsdelikt. Der Diebstahl innerhalb der Familie ist ein relatives Antragsdelikt.

Privatklagedelikte, § 374 Abs. 1 StPO

Sinn der Privatklage ist es, die Staatsanwaltschaft zu entlasten. Sie kann daher bei absoluten Antragsdelikten des Kataloges ohne Weiteres und bei relativen Antragsdelikten des Kataloges nach Verneinung des besonderen öffentlichen Interesses die Ermittlungen nach § 170 Abs. 2 StPO einstellen und den Geschädigten auf den Privatklageweg verweisen. Dann tritt der Geschädigte im Strafprozess an die Stelle der Staatsanwaltschaft.

Beispiel:
Armin Sau wurde von Gerda Gemein beleidigt und die Ermittlungen der Staatsanwaltschaft wurden trotz Strafantrag von Armin Sau eingestellt. Armin Sau kann jetzt nur noch auf dem Privatklageweg vorgehen.

5.2 Voraussetzungen der Strafbarkeit

Um festzustellen, ob der Täter für das, was er getan (oder unterlassen) hat, bestraft werden kann, müssen drei Punkte geprüft werden:
- Tatbestand
- Rechtswidrigkeit
- Schuld.

a) Tatbestand

Unter **Tatbestand** prüft man zum einen die Verwirklichung einer Tat, die der Gesetzgeber unter Strafe stellt (objektiver Tatbestand). Der Täter muss also einen Tatbestand des Strafgesetzbuchs begehen, z. B. beim Hausfriedensbruch: Widerrechtliches Eindringen in Geschäftsräume ...

Beispiel:
Benno Brutalo schlägt die Kaufhausdetektivin Sherly Holm, die ihn festhalten will. Er begeht eine Körperverletzung (§ 223 StGB).

Zum anderen prüft man, ob der Täter mit Vorsatz handelte (s. o.), es sei denn fahrlässiges Handeln ist ausdrücklich unter Strafe gestellt (subjektiver Tatbestand).

b) Rechtswidrigkeit

Der Täter muss **rechtswidrig** handeln, also gegen geltendes Recht verstoßen. Außerdem darf er keinen Rechtfertigungsgrund wie z. B. Notwehr, Vorläufige Festnahme o. Ä. für sein Handeln haben.

Hat im Umkehrschluss der Täter einen Rechtfertigungsgrund für sein Verhalten, so handelt er nicht rechtswidrig und kann daher auch nicht bestraft werden.

Beispiel:
Der Sicherheitsmitarbeiter Sven Saugnapf hält einen auf frischer Tat betroffenen Einbrecher bis zum Eintreffen der Polizei fest. Saugnapf begeht zwar eine Freiheitsberaubung (§ 239 StGB), hat aber die Vorläufige Festnahme als Rechtfertigungsgrund und bleibt deswegen straffrei.

c) Schuld

Die **Schuld** ist gegeben, wenn der Täter bei Begehung der Tat die Einsichtsfähigkeit hatte, Unrecht zu tun. Dies ist dann der Fall, wenn er während der Tat **schuldfähig** (nicht geisteskrank, nicht sehr stark betrunken oder nicht unter 14 Jahre alt) war, keinem Irrtum (Putativnotwehr) unterlag und kein Entschuldigungsgrund (z. B. Entschuldigender Notstand, § 35 StGB) vorliegt.

Beispiel:
Die 13 Jahre alte Tini Randal stiehlt ein Auto und verursacht absichtlich einen Totalschaden. Sie kann nicht bestraft werden, da sie schuldunfähig ist (unter 14 Jahre).

Hinweis:
Die Kenntnis dieser Prüfungsreihenfolge (Tatbestand, Rechtswidrigkeit, Schuld) ist absolutes Basiswissen im Strafrecht und muss unbedingt beherrscht werden.

5.3 Ausgewählte Tatbestände

Hausfriedensbruch, § 123 StGB

Widerrechtliches **Eindringen** (Betreten gegen den Willen des Berechtigten) in Wohnung, Geschäftsräume, befriedetes Besitztum (umzäuntes Gelände) oder
Verweilen trotz Aufforderung eines Berechtigten, das Gebäude/Gelände zu verlassen.

Beispiel:
Trotz Hausverbots betritt Emil Eintritt ein Kaufhaus. Er dringt damit widerrechtlich ein und begeht einen Hausfriedensbruch.

Störung des öffentlichen Friedens durch Androhung von Straftaten, § 126 StGB

Wer eine vorsätzliche schwere Straftat gegen Leben, Leib (schwere Körperverletzung), Freiheit, einen Raub oder eine räuberische Erpressung, ein gemeingefährliches Verbrechen oder Vergehen androht, wodurch der öffentliche Frieden gestört wird, macht sich strafbar.

Amtsanmaßung, § 132 StGB

Befassen mit einem öffentlichen Amt (sich z. B. als Polizeibeamter ausgeben, ohne Polizeibeamter zu sein)
oder
Vornahme einer Handlung, die nur kraft öffentlichen Amtes vorgenommen werden darf (Erheben eines Bußgeldes, erkennungsdienstliche Behandlung, Platzverweis im öffentlichen Bereich, ...).

Missbrauch von Titeln, Berufsbezeichnungen und Abzeichen, § 132 a StGB

Verboten ist, sich u. a. als Professor, Doktor, Arzt, Apotheker, Steuerberater, Rechtsanwalt etc. auszugeben, Uniformen oder Amtskleidung oder Amtsabzeichen zu tragen.

> **Beispiel:**
> Trude Trickreich gibt sich an der Pforte als Prof. Dr. T aus, um den Empfangsdienstmitarbeiter zu beeindrucken und sich so Zugang zum Werk zu verschaffen.

Nichtanzeige geplanter Straftaten, § 138 StGB

Strafbar ist, wer eine der in § 138 StGB bezeichneten Straftaten (Mord, Raub, Brandstiftung, Herbeiführung einer Bombenexplosion o. Ä.) **nicht** dem potenziellen Opfer oder der Polizei **meldet**, wenn er rechtzeitig vor Begehung der Tat davon erfährt.

Missbrauch von Notrufen und Beeinträchtigung von Unfallverhütungs- und Nothilfemitteln, § 145 StGB

Dieser Tatbestand kann in vier Varianten verwirklicht werden:

1. Missbrauch von Notrufen (z. B. Notruf 110 anrufen, um nach der Zeit zu fragen),
2. Vortäuschen, dass Hilfe erforderlich sei (z. B. bei der Feuerwehr ein Feuer melden, obwohl es nicht brennt),
3. Warn- oder Verbotszeichen entfernen, unkenntlich machen, in ihrem Sinn entstellen (z. B. Stopp-Schild abschrauben und mit nach Hause nehmen),
4. Schutzvorrichtungen/Rettungsgeräte beseitigen/unbrauchbar machen (z. B. Feuerlöscher verstecken oder grundlos betätigen).

Falsche uneidliche Aussage, § 153 StGB

Ein Zeuge sagt vor Gericht bewusst falsch aus, ohne vereidigt zu sein.

Meineid, § 154 StGB

Ein vereidigter Zeuge sagt vor Gericht bewusst falsch aus.

Falsche Verdächtigung, § 164 StGB

Z. B. zeigt X den Y bei der Polizei wegen Diebstahls an, obwohl er genau weiß, dass Y den Diebstahl nicht begangen hat.

Beleidigung, § 185 StGB

Kundgabe der Nicht- oder Missachtung eines anderen durch Wort, Geste, Bild, Schrift oder Tätlichkeit.

> **Beispiel:**
> Sven Schimpfi bezeichnet die Empfangsdame Zora Zutritt als „dumme Ziege“, weil sie (zu Recht) darauf besteht, dass er einen Besucherschein ausfüllt.

Üble Nachrede, § 186 StGB

Täter behauptet etwas „ins Blaue“ hinein, was sich als unwahr herausstellt (Behauptung: X hat mal einen Raubüberfall begangen).

Verleumdung, § 187 StGB

Täter behauptet etwas über das Opfer, obwohl er weiß, dass die Behauptung unwahr ist (Behauptung: X wurde wegen Mordes verurteilt, obwohl der Täter weiß, dass das Führungszeugnis des X einwandfrei ist).

Verletzung der Vertraulichkeit des Wortes, § 201 StGB

Strafbar macht sich, wer das nichtöffentlich gesprochene Wort eines anderen aufnimmt, ein solche Aufnahme gebraucht oder Dritten zugänglich macht oder einen anderen mit einem Abhörgerät (z. B. Richtmikrofon) abhört.

Verletzung des Briefgeheimnisses, § 202 StGB

Strafbar macht sich, wer einen verschlossenen Brief oder ein anderes verschlossenes Schriftstück, das nicht für ihn bestimmt ist, öffnet oder ein verschlossenes Behältnis öffnet, um ein nicht für ihn bestimmtes Schriftstück zu lesen.

> **Beispiel:**
> Schorsch Schnüffler öffnet den Tresor seines Chefs mit einem Nachschlüssel, um dessen Steuerunterlagen einzusehen.

Ausspähen von Daten, § 202 a StGB

Wer sich unbefugt Daten beschafft, die nicht für ihn bestimmt sind und gegen unberechtigten Zugriff besonders gesichert sind, macht sich strafbar.

Beispiel:
Durch Videoüberwachung sieht der Empfangsmitarbeiter Schorsch Schnüffler am Monitor, wie der Mitarbeiter Armin Sau seine PIN in den Computer eingibt. Als dieser in die Mittagspause geht, gibt Schnüffler die ausgespähte PIN in den Computer des Armin Sau ein und liest dessen E-Mails.

Körperverletzung, § 223 StGB

Eine Körperverletzung kann man durch eine „körperliche Misshandlung" (z. B. Ohrfeige) oder eine „Gesundheitsbeschädigung" (z. B. Abführmittel im Tee) begehen.

Gefährliche Körperverletzung, § 224 StGB

Die gefährliche Körperverletzung wird gern mit der schweren Körperverletzung verwechselt. Dabei ist die Unterscheidung ganz einfach: Bei der gefährlichen Körperverletzung ist die **Begehungsart** entscheidend, nicht die Folge. Begehungsarten sind:
- Beibringen von Gift oder anderen gesundheitsschädlichen Stoffen,
- mittels einer Waffe (Messer, Schusswaffe etc.) oder eines gefährlichen Werkzeugs (Schraubenzieher, Axt, Tischbein, Kugelschreiber ins Auge),
- mehrere gemeinschaftlich (Angriff von zwei oder mehr Personen),
- mittels hinterlistigen Überfalls (Opfer wird getäuscht und dann nutzt der Täter die mangelnde Verteidigungsbereitschaft des Opfers zur Verletzung aus),
- mittels lebensgefährdender Behandlung (Körperverletzung könnte zum Tode führen, z. B. Opfer wird im Winter in einen Fluss geworfen).

Schwere Körperverletzung, § 226 StGB

Bei der schweren Körperverletzung ist die **Folge** (Schwere der Verletzung, z. B. Verlust eines Armes, Blindheit, dauerhafte Entstellung) entscheidend, nicht die Art und Weise der Begehung wie bei der gefährlichen Körperverletzung.
Die schwere Körperverletzung ist ein **Verbrechen** (Freiheitsstrafe ein bis zehn Jahre).

Fahrlässige Körperverletzung, § 229 StGB

Die Körperverletzung ist eine der wenigen Straftaten, bei denen auch eine fahrlässige Begehung strafbar ist.

Die Körperverletzung wird dabei fahrlässig, also „aus Versehen" begangen (Streifenfahrer übersieht Radfahrer beim Rechtsabbiegen, fährt ihn an und verletzt ihn).

Nachstellung, § 238 StGB

Nachstellung ist besser bekannt unter dem Begriff „Stalking". Strafbar macht sich, wer einem anderen nachstellt, ihn permanent telefonisch belästigt, in dessen Namen Waren bestellt o. Ä.
Nachstellung ist ein Antragsdelikt.

Freiheitsberaubung, § 239 StGB

Einsperren
oder
auf sonstige Weise der persönlichen Freiheit berauben (z. B. durch Fesseln, Anketten an Heizung oder bloßes Festhalten).

Wenn ein Kaufhausdetektiv einen Dieb festhält, verwirklicht er dabei den Tatbestand einer Freiheitsberaubung. Das Festhalten ist aber nicht rechtswidrig, wenn er im Rahmen einer Vorläufigen Festnahme, § 127 Abs. 1 StPO, handelt, da diese den Rechtfertigungsgrund darstellt.

Nötigung, § 240 StGB

Täter nötigt Opfer mit Gewalt oder durch Androhung eines empfindlichen Übels zu einer Handlung, Duldung oder Unterlassung für einen verwerflichen Zweck.

> **Beispiel:**
> Der kräftige Kurt droht dem Sicherheitsmitarbeiter Willi Wachsam Schläge an, falls er nicht unkontrolliert das Gebäude verlassen könne.

Bedrohung, § 241 StGB

Täter bedroht Opfer oder eine dem Opfer nahestehende Person mit der Begehung eines Verbrechens („Ich bring dich um!").

Diebstahl, § 242 StGB

Unter einem Diebstahl versteht man die **Wegnahme** einer **fremden beweglichen Sache** in **rechtswidriger Zueignungsabsicht**.

Fremd ist die Sache für den Täter, wenn sie nicht in seinem Alleineigentum steht. **Beweglich** ist alles, was der Täter mitnehmen kann (also kein Haus oder Grundstück). Eine **Sache** ist ein dinglicher Gegenstand, also etwas, was man „anfassen" kann (feste, flüssige, gasförmige Sachen).

Diese Sache nimmt der Täter dem Opfer weg, das heißt das Opfer verliert gegen seinen Willen die tatsächliche Gewalt (heißt im StGB „Gewahrsam", im BGB „Besitz") über die Sache und der Täter erhält die tatsächliche Gewalt.

Unter **Zueignungsabsicht** versteht man, dass sich der Täter so benimmt, als gehöre ihm die gestohlene Sache (er verkauft sie, verwendet sie, ...). Er kann aber nicht Eigentümer der Sache werden.

Besonders schwerer Fall des Diebstahls, § 243 StGB

Es kommt auf die **Begehungsart**, nicht auf den Wert der Beute an.

Begehung durch Einbrechen, Einsteigen, falschen Schlüssel, Sich-im-Raum-verborgen-Halten; verschlossenes Behältnis öffnen, besondere Schutzvorrichtung zerstören; gewerbsmäßig stehlen, Diebstahl aus Kirchen, Diebstahl von Kunstgegenständen aus Museen oder Wertgegenständen aus Messen; Diebstahl, bei dem die Hilflosigkeit einer anderen Person, ein Unglücksfall oder eine gemeine Gefahr ausgenutzt wird, oder Diebstahl von Waffen.

Diebstahl mit Waffen; Bandendiebstahl; Wohnungseinbruchsdiebstahl, § 244 StGB

Der Täter hat bei Begehung des Diebstahls eine Waffe bei sich, stiehlt als Mitglied einer Bande, die sich zu diesem Zweck formiert hat, oder begeht Diebstähle, indem er in Wohnungen einbricht.

Unterschlagung, § 246 StGB

Zueignung einer fremden beweglichen Sache mit Vorsatz.

Beispiel:
Der Sicherheitsmitarbeiter Mike Meins erhält für den Dienst eine Jacke, auf der „Security" steht. Nach Dienstende behält er die Jacke für sich, da er immer schon einmal selbst so eine Jacke haben wollte, und erklärt dem Chef, die Jacke sei gestohlen worden.

Wichtig:
Die Unterschlagung unterscheidet sich vom Diebstahl dadurch, dass es bei der Unterschlagung keine Wegnahme gibt, weil der Täter „Alleingewahrsam" über die Sache ausübt. Der Täter erhält die Sache freiwillig und muss sie dem Opfer nicht erst gegen dessen Willen wegnehmen.

Diebstahl und Unterschlagung geringwertiger Sachen, § 248 a StGB

Geringwertig ist eine Sache, wenn sie weniger als 30 bis 50 € wert ist (je nach Gericht).
§ 248 a StGB ist ein Antragsdelikt.

Raub, § 249 StGB

Wer einem anderen unter Anwendung von Gewalt oder Drohung mit Gefahr für Leib oder Leben eine fremde bewegliche Sache wegnimmt, begeht einen Raub.
Raub ist ein Verbrechen.

Beispiel:
Rudi Räuber schlägt den Geldtransportfahrer Gustav Goldstück nieder, um ihm eine Geldkassette zu entwenden.

Räuberischer Diebstahl, § 252 StGB

Wie ein Räuber wird bestraft, wer Gewalt oder Drohung mit gegenwärtiger Gefahr für Leib oder Leben anwendet, um sich im Besitz einer Sache zu erhalten, die er vorher gestohlen hat.

Beispiel:
Lars Langfaust wird von der Detektivin Sherly Holm gestellt, da er einen MP3-Player entwendet hat. Langfaust schlägt Holm nieder und läuft mit der Beute weg.

Erpressung, § 253 StGB

Wegen Erpressung wird bestraft, wer einen anderen mit Gewalt oder Androhung eines empfindlichen Übels nötigt, um dem anderen finanziell zu schaden und/oder sich zu bereichern.

Beispiel:
Die Jugendbande Xpressor droht dem 15-jährigen Otto Opfer, ihn wegen Drogenkonsums anzuzeigen, wenn er nicht 100 € zahlt.

Räuberische Erpressung, § 255 StGB

Eine räuberische Erpressung begeht, wer mit Gewalt oder Drohungen mit gegenwärtiger Gefahr für Leib oder Leben eine Erpressung begeht.

Beispiel:
Zacharias Zwingweg zwingt den Tankwart Pepe Schell mit vorgehaltener Pistole, die Tageseinnahmen herauszugeben. (Würde er sich die Tageseinnahmen selbst nehmen, wäre es ein Raub.)

Begünstigung, § 257 StGB

Wegen Begünstigung wird bestraft, wer einem **anderen** hilft, **nach** dessen rechtswidriger Straftat die Vorteile der Tat zu sichern.

> **Beispiel:**
> Rudi Räuber begeht einen Bankraub und bringt die Beute zu Ulf Unterschlupf, der sie versteckt.

Strafvereitelung, § 258 StGB

Erschleichen von Leistung

Wer vereitelt, dass ein **anderer** wegen einer Straftat bestraft wird, macht sich strafbar.

> **Beispiel:**
> Wachmann Karl Kleinlich beseitigt Einbruchsspuren und Fingerabdrücke des Diebes Lars Langfinger im Objekt. Langfinger kann der Einbruchsdiebstahl deswegen nicht nachgewiesen werden, er wird nicht verurteilt.

Hehlerei, § 259 StGB

Wer eine Sache, die ein **anderer** (!) gestohlen, geraubt, unterschlagen o. Ä. hat, ankauft, verkauft oder verkaufen hilft, macht sich wegen Hehlerei strafbar.

> **Beispiel:**
> Albert Ankauf kauft Lars Langfinger eine gestohlene Uhr ab und verkauft sie zum doppelten Preis weiter.

Betrug, § 263 StGB

Der Täter erregt beim Opfer durch eine Täuschung einen Irrtum. Deswegen verfügt das Opfer über sein Vermögen und hat aufgrund der Täuschung einen Vermögensschaden. Der Täter handelt mit Bereicherungsabsicht.

> **Beispiel:**
> Der Autohändler Guido Gewitzt verkauft ein Fahrzeug, dessen Tacho er selbst um 100.000 km zurückgedreht hat, für 10.000 €. Da der wirkliche Wert des Fahrzeuges nur 4.000 € ist, liegt ein Schaden des Käufers Karsten Karre in Höhe von 6.000 € vor.

Computerbetrug, § 263 a StGB

Wird statt eines Menschen ein Computer durch eine Manipulation getäuscht, um einen Vermögensvorteil zu erhalten, liegt Computerbetrug vor.

> **ispiel:**
> i Trick programmiert eine leere EC-Karte so, dass sie damit unbefugt vom o des Armin Arm 500 € abheben kann, da der Geldautomat diese Karte für die ge „hält“.

Erschleichen von Leistungen, § 265 a StGB

Leistungen eines Automaten (Einwerfen von Falschgeld), die Beförderung mit einem Verkehrsmittel (Schwarzfahren) oder der Zutritt zu einer Veranstaltung wird erschlichen.

Beispiel:
Bei einer Konzertveranstaltung steigt Al Schleichi über den Zaun, um sich die Kosten für eine Eintrittskarte zu sparen.

Urkundenfälschung, § 267 StGB

- **Herstellen** einer unechten Urkunde (X stellt sich selbst das Zeugnis einer Fantasiefirma aus),
- **Verfälschen** einer echten Urkunde (X verändert die Gesamtnote seiner Gesellenprüfung in seinem Gesellenbrief von 2,8 auf 1,8, weil er sich damit bessere Chancen am Arbeitsmarkt ausrechnet),
- **Gebrauch** der unechten oder verfälschten Urkunde im Rechtsverkehr (X legt den verfälschten Gesellenbrief einem potenziellen Arbeitgeber vor, um eingestellt zu werden).

Sachbeschädigung, § 303 StGB

Beschädigen oder Zerstören einer fremden Sache.

Beispiel:
Aus Ärger über seine Entlassung wirft Sicherheitsmitarbeiter Janosch Jähzorn am letzten Tag seiner Arbeit das Funkgerät aus dem 8. Stock des Wachobjekts. Das Gerät wird beim Aufschlag völlig zerstört.

Seit 2005 gilt es auch als Sachbeschädigung, wenn „das Erscheinungsbild einer fremden Sache nicht nur unerheblich und nicht nur vorübergehend verändert“ wird. Damit sind auch „Graffiti-Schmierereien“ als Sachbeschädigung einzustufen.

> **Hinweis:**
> Bitte beachten Sie unbedingt, dass nur eine vorsätzliche Sachbeschädigung eine Straftat (Staat – Bürger) ist. Bei einer „fahrlässigen Sachbeschädigung“ liegt keine Straftat vor, der Täter muss „nur“ (Bürger – Bürger) Schadensersatz wegen Unerlaubter Handlung nach § 823 BGB leisten.

Brandstiftung, § 306 StGB

Wer u.a. Gebäude, Hütten, Maschinen, Kraftfahrzeuge oder Wälder in Brand setzt, macht sich wegen Brandstiftung strafbar. Brandstiftung ist ein Verbrechen.

Unterlassene Hilfeleistung, § 323 c StGB

Nicht Hilfe leisten bei Unglücksfällen, gemeiner Gefahr oder Not, obwohl die Hilfeleistung erforderlich und zumutbar ist, insbesondere ohne Verletzung anderer wichtiger Pflichten.

> **Beispiel:**
> Sicherheitsmitarbeiter Paul Pech rutscht im Winter auf dem eisigen Gehsteig aus und bleibt bewusstlos liegen. Trotzdem gehen mehrere Passanten vorbei, ohne sich um ihn zu kümmern.

Begehen durch Unterlassen, § 13 StGB

Auch wer nichts tut, kann sich strafbar verhalten (vgl. Unterlassene Hilfeleistung, § 323 c StGB). Die Unterlassene Hilfeleistung ist ein so genanntes **„echtes Unterlassungsdelikt“** wie auch die Nichtanzeige geplanter Straftaten (§ 138 StGB). Ein echtes Unterlassungsdelikt erkennt man daran, dass im StGB ein Unterlassen ausdrücklich mit Strafe bedroht ist („wer dies und das nicht macht, wird bestraft“).

Für „Nichtstun“ kann aber auch bestraft werden, wer den Eintritt eines bestimmten Erfolges verhindern müsste, da dies zu seinen Aufgaben gehört (so muss beispielsweise ein Sicherheitsmitarbeiter laut Dienstanweisung tätig werden, wenn die Brandmeldeanlage Alarm auslöst). Das Sicherheitspersonal befindet sich während der Dienstzeit im Objekt in einer sogenannten **Garantenstellung**. Aufgrund des Arbeitsvertrages „garantiert“ die Sicherheitskraft, dass sie im Rahmen ihrer Dienstanweisung tätig wird, da sie ja dafür Geld bekommt.

Aufgrund dieser Garantenstellung müssen die Sicherheitsmitarbeiter ihrer **Garantenpflicht** (z. B. Abwehr von Gefahren) nachkommen.

Verstößt der Sicherheitsdienstmitarbeiter dagegen und unternimmt nichts, macht er sich genauso strafbar, wie wenn er die Straftat selbst begangen hätte (in unserem Beispiel u. U. wegen fahrlässiger Brandstiftung durch Unterlassen).

Da es eine „Brandstiftung durch Unterlassen“ aber eigentlich (also ohne Garantenstellung) nicht gibt, handelt es sich hierbei um ein sogenanntes „unechtes Unterlassungsdelikt“.

5.4 Rechtfertigungsgründe im Strafrecht

Wer einen Tatbestand verwirklicht, ohne einen Rechtfertigungsgrund zu …en, handelt rechtswidrig. Umgekehrt handelt derjenige rechtmäßig, der im Rahmen eines Rechtfertigungsgrundes handelt (Sicherheitskraft schlägt Täter in Notwehr). Das Strafrecht beinhaltet folgende Rechtfertigungsgründe:

a) Notwehr, § 32 StGB

Notwehr ist die Verteidigung, die erforderlich und geboten ist, um einen gegenwärtigen, rechtswidrigen Angriff von sich oder einem anderen abzuwenden.

Gegenwärtig ist ein Angriff, wenn er unmittelbar bevorsteht, gerade stattfindet und noch nicht beendet ist.

Rechtswidrig ist er, wenn der Täter keinen Rechtfertigungsgrund hat.

Ein **Angriff** geht immer von einem **Menschen** aus (Notwehr ist daher nur gegen Menschen möglich), wobei alle Rechtsgüter wie Leben, Leib, Freiheit, Ehre, Eigentum, Besitz und sogar das Hausrecht im Rahmen der Notwehr verteidigt werden können.

Gegen Angriffe darf man sich im **erforderlichen** Maße wehren, man muss also das „mildeste Mittel" zur Verteidigung verwenden, das den Angriff sofort abwehrt (z.B.: kräftiger Sicherheitsmitarbeiter verteidigt sich gegen Messerangriff mit einem gezielten Faustschlag und verwendet nicht die Schusswaffe, die er bei sich führt).

Geboten bedeutet, dass zwischen Angriff und Verteidigung kein „krasses Missverhältnis" bestehen darf (Sicherheitsmitarbeiter schlägt einen Besucher, der ihn vorher als „Schlafmütze" beleidigt hat, ohne Vorwarnung ins Gesicht = keine Notwehr).

Man darf sich selbst verteidigen (= Notwehr) oder einen anderen (= Nothilfe).

> **Hinweis:**
> Die Notwehr muss von „Putativnotwehr" (irrtümliche Notwehr) und „Notwehrexzess" (Notwehrüberschreitung) unterschieden werden können (s. Kapitel 5.5 und 5.6).

b) Rechtfertigender Notstand, § 34 StGB

Wer in einer gegenwärtigen, nicht anders abwendbaren Gefahr für ein Rechtsgut eine Tat begeht, um die Gefahr abzuwenden, handelt nicht rechtswidrig, wenn das Rechtsgut, das er schützen will, sehr viel mehr wert ist als der durch die Tat angerichtete Schaden.

Der § 34 StGB erlaubt es, eine kleine Straftat oder Ordnungswidrigkeit (§ 16 OWiG) zu begehen, wenn es keine andere Möglichkeit gibt, ein viel höherwertiges Rechtsgut zu schützen.

Beispiel:
Sicherheitsmitarbeiter Henri Hellauf führt Kontrollgänge in einem Einkaufszentrum und auf den dazugehörigen Parkplätzen durch. An einem heißen Sommertag entdeckt er in einem der geparkten Autos, das in der prallen Sonne steht, ein bewusstloses Kind. Er schlägt eine Scheibe ein, um das Kind zu retten.

Hellauf hat zwar eine Sachbeschädigung begangen, er wird dafür aber nicht bestraft, da er dies nur getan hat, um das Kind zu retten (§ 34 StGB).

c) Vorläufige Festnahme, § 127 Abs. 1 StPO

Jedermann ist berechtigt, einen auf frischer Tat betroffenen oder verfolgten Täter vorläufig festzunehmen, wenn die Identität nicht sofort feststellbar oder er der Flucht verdächtig ist.

Es muss sich um eine **Straftat** handeln und die Tat muss frisch sein, das heißt der Täter muss direkt bei Begehung der Tat erwischt oder verfolgt werden.

Identität nicht sofort feststellbar bedeutet, dass sich der Täter nicht ausweisen kann oder will.

Fluchtverdacht bedeutet, dass sich der Täter wahrscheinlich der Strafverfolgung entziehen wird (z. B. ins Ausland flieht).

Der Täter darf unter vorgenannten Voraussetzungen bis zum Eintreffen der (sofort verständigten) Polizei festgehalten werden.

5.5 Entschuldigungsgründe

Der Täter muss bei Begehung der Tat schuldfähig sein (s. Kapitel 5.2). Es darf auch kein Irrtum vorliegen (Putativnotwehr = vermeintliche Notwehr: Es glaubt jemand, sich in einer Notwehrsituation zu befinden, was in Wirklichkeit nicht stimmt).

Beispiel:
Der Sicherheitsmitarbeiter Paul Patzer betritt aufgrund eines Alarms eine dunkle Lagerhalle, in der er auf den Einbrecher Dieter Dietrich trifft. Als Dietrich eine schnelle Bewegung mit dem rechten Arm macht, glaubt Patzer, der Dietrich ziehe eine Schusswaffe, und schießt dem Dietrich in den Arm.
Hinterher stellt sich heraus, dass Dieter Dietrich unbewaffnet war. Paul Patzer wurde nicht in Notwehr (kein „echter" Angriff) tätig, sondern ging irrtümlich von einer Notwehrlage aus. Er handelte in „Putativnotwehr" und wird, wenn er den Irrtum nicht vermeiden konnte, nicht bestraft, ansonsten kommt seine Bestrafung wegen fahrlässiger Körperverletzung, § 229 StGB, in Betracht.

Überschreitung der Notwehr aus Verwirrung, Furcht oder Schrecken, § 33 StGB, ist ein **„Entschuldigungsgrund“**. Verteidigt sich jemand in einer Notwehrsituation zu stark (also nicht nur im erforderlichen Maße) und geschah dies in einem Zustand von Verwirrung, Furcht oder Schrecken, so wird er nicht bestraft.

Da er aber nur „entschuldigt“ und nicht „gerechtfertigt“ ist, also rechtswidrig handelt, ist eine Notwehr, § 32 StGB, gegen eine Überschreitung der Notwehr, § 33 StGB, rechtmäßig.

Beispiel:
Der Wachdienstmitarbeiter Peter Panik stellt einen Täter und schlägt ihn zu Boden. Anschließend schlägt Panik aus Angst weiter auf ihn ein. Daraufhin greift der Täter den Panik an. Er befindet sich nun in einer Notwehrlage und kann sich gerechtfertigt gegen Peter Panik wehren. Panik ist seinerseits entschuldigt.

Der **Entschuldigende Notstand**, § 35 StGB, ist ein weiterer Entschuldigungsgrund. Wer in einer nicht anders abwendbaren Gefahr für Leben, Leib oder Freiheit eine rechtswidrige Tat begeht, um die Gefahr von sich, einem Angehörigen oder einer anderen nahestehenden Person abzuwenden, handelt ohne Schuld.

Beispiel:
Als die Sicherheitsmitarbeiter Peng und Pech den Heizraum im 2. Untergeschoss verlassen wollen, stellen sie fest, dass im Treppenhaus ein Feuer ausgebrochen ist und giftige Chemikalien entzündet wurden. Da nur Pech eine Atemmaske bei sich hat, versetzt ihm Peng einen schweren Schlag, um an die Atemmaske zu gelangen. Peng überlebt nur wegen der Maske, Pech stirbt.

5.6 Unterscheidungskriterien zwischen Notwehr, Notwehrüberschreitung und Putativnotwehr

§ 227 BGB/§ 32 StGB, **Notwehr:** Nur gegen menschliche Angriffe (nicht gegen Tiere!) gegen sich selbst (= Notwehr) oder irgendeine andere Person (= Nothilfe).

§ 33 StGB, **Überschreitung der Notwehr** („Notwehrexzess“): Es liegt wirklich eine Notwehrsituation vor, in der sich der Angegriffene aus Verwirrung, Furcht oder Schrecken zu stark verteidigt.

Putativnotwehr: Jemand glaubt, er befinde sich in einer Notwehrsituation, was in Wirklichkeit aber nicht der Fall ist (ein Sicherheitsmitarbeiter meint, dass ein aufgebrachter Besucher in seine Manteltasche greift, um ein

Messer zu ziehen, und verteidigt sich in vermeintlicher Notwehr; der Besucher hatte aber kein Messer bei sich).

5.7 Unterscheidungskriterien zwischen „rechtfertigendem Notstand" und „entschuldigendem Notstand"

§ 34 StGB, **rechtfertigender Notstand:** Handlung in einer Gefahrensituation, um die Gefahr für irgendein Rechtsgut (Leben, Leib, Ehre, Eigentum oder ein anderes Rechtsgut) von sich selbst oder irgendeiner anderen Person abzuwenden.

§ 35 StGB, **entschuldigender Notstand:** Handlung in einer Gefahrensituation, um die Gefahr **(nur)** für **Leben, Leib, Freiheit** von sich selbst oder einer sehr nahestehenden Person abzuwenden.

5.8 Bewachungspersonal als Zeuge vor Gericht

Folgen des **Nichterscheinens**, § 51 StPO: Erscheint ein ordnungsgemäß geladener Zeuge nicht vor Gericht, so muss er die Kosten tragen, die sein Ausbleiben verursacht, außerdem wird ihm ein Ordnungsgeld auferlegt und es kann seine zwangsweise Vorführung festgelegt werden. Dies geschieht nicht, wenn der Zeuge sein Ausbleiben rechtzeitig genügend entschuldigt bzw. die Entschuldigung umgehend nachholt.

Grundsätzlich muss die Wahrheit nicht nur hinsichtlich des Sachverhaltes gesagt werden, sondern auch hinsichtlich der persönlichen Angaben (Name, Adresse etc.), § 68 StPO.

Ausnahme 1: Man muss nicht gegen nahe Verwandte, Ehegatten oder Lebenspartner aussagen, § 52 StPO.

Ausnahme 2: Auf Fragen, mit denen man sich selbst belasten würde, braucht man nicht antworten, § 55 StPO.

Für beide Ausnahmen gilt jedoch: Man muss nicht aussagen; wenn aber ausgesagt wird, muss die Wahrheit gesagt werden.

Darüber hat der Richter den Zeugen vorher zu belehren, § 57 StPO. Nach § 59 StPO werden Zeugen nur vereidigt, wenn es das Gericht wegen der ausschlaggebenden Bedeutung der Aussage oder zur Herbeiführung einer wahren Aussage nach seinem Ermessen für notwendig hält.

5.9 Beschuldigtenrechte

Als Beschuldigter in einem Strafverfahren hat man verschiedene Rechte. Die wichtigsten sind:
- Anwesenheit (im Prozess),
- Rechtliches Gehör (Äußerungsrecht, Antragsrecht, Recht auf Verteidiger, Recht auf Akteneinsicht, Recht auf das letzte Wort im Prozess und falls es notwendig ist, einen Dolmetscher),
- Nemo-tenetur-Grundsatz (niemand muss sich selbst belasten).

5.10 Befugnisse von Gerichten, Staatsanwaltschaft und Polizei

Die Befugnisse von Gerichten, Staatsanwaltschaft und Polizei sind hauptsächlich in der Strafprozessordnung (StPO) geregelt.

Für die Polizei gelten auch die Polizeigesetze des jeweiligen Bundeslandes.

5.11 Zusammenfassung

Grundsätzlich ist nur vorsätzliches Handeln strafbar, außer es steht extra im Gesetz, dass Fahrlässigkeit für eine Bestrafung ausreicht.

Um einen Täter bestrafen zu können, müssen der Tatbestand erfüllt, die Rechtswidrigkeit und Schuld gegeben sein.

Eine Tat ist dann rechtswidrig, wenn kein Rechtfertigungsgrund vorliegt.

Notwehr ist gegeben, wenn man einen gegenwärtigen, rechtswidrigen Angriff von sich oder einem anderen mit den erforderlichen (geringstmöglichen) Mitteln abwehrt.

Jeder darf einen auf frischer Straftat betroffenen oder verfolgten Täter vorläufig festnehmen, wenn dessen Identität nicht sofort feststellbar ist oder Fluchtverdacht besteht.

Die Schuld des Täters ist gegeben, wenn er schuldfähig ist, sich in keinem unvermeidbaren Irrtum befand und kein Entschuldigungsgrund zu seinen Gunsten vorliegt.

6. Umgang mit Verteidigungswaffen

Das Thema „Umgang mit Verteidigungswaffen“ hat in der schriftlichen Prüfung den Umfang 4 von 100, das heißt, es braucht in der Vorbereitung nicht überbewertet zu werden.

Aus diesem Grund sind auch die folgenden Ausführungen kurz gehalten.

Hinweise:

1. Die für die Prüfung relevanten Grundlagen befinden sich hauptsächlich im Waffengesetz (WaffG).
2. Weitere Regelungen zum Thema Waffenrecht sind in § 10 BewachV (s. Kapitel 2.2.5) und in §§ 18 ff. DGUV Vorschrift 23 (s. Kapitel 7.3.4) zu finden.

6.1 Waffenbegriffe (§ 1 Abs. 4 WaffG i. V. m. Anlage 1 zum WaffG)

Schusswaffen sind Gegenstände, die zum Angriff oder zur Verteidigung, zur Signalgebung, zur Jagd, zur Distanzinjektion, zur Markierung, zum Sport oder zum Spiel bestimmt sind und bei denen Geschosse durch einen Lauf getrieben werden.

Automatische Schusswaffen sind Schusswaffen, die nach Abgabe eines Schusses selbsttätig erneut schussbereit werden. Sie werden unterteilt in Vollautomaten und in Halbautomaten.

Eine **vollautomatische Waffe** ist eine Waffe, bei der nach Betätigen des Abzugs so lange Patronen verschossen werden, bis entweder der Abzug losgelassen wird oder das Patronenlager leer ist (vereinfachte Definition).

Eine **halbautomatische Waffe** ist eine Waffe, die sich selbst lädt, bei der man aber für jeden Schuss extra abdrücken muss.

Eine **Hieb- und Stoßwaffe** im Sinne des Gesetzes ist eine Waffe, die ihrer Natur nach dazu bestimmt ist, unter Ausnutzung der Muskelkraft durch Hieb, Stoß oder Stich Verletzungen beizubringen (u. a. Schlagstock, Messer).

Gleichgestellt sind Waffen, die unter Ausnutzung einer anderen als mechanischer Energie durch körperliche Berührung Verletzungen beifügen (z. B. „Elektroschocker“).

6.2 Erwerb, Überlassen und Führen von Waffen

Unter **„Erwerb“** einer Waffe versteht man die Erlangung der tatsächlichen Gewalt über eine Waffe (Waffe wird einem vom Händler übergeben, man findet eine Waffe, ...).

„Überlassen“ einer Waffe bedeutet, dass man einer anderen Person die tatsächliche Gewalt darüber einräumt (z. B. Waffenübergabe bei Schichtwechsel).

Der Begriff **„Führen“** einer Waffe bedeutet schließlich, dass man eine Schusswaffe zugriffsbereit außerhalb des eigenen befriedeten Besitztums bei sich trägt (z. B. Waffe im öffentlichen Bereich in einem Holster tragen). Kein Führen liegt vor, wenn die Waffe nicht zugriffsbereit ist (z. B. wenn die Waffe ungeladen im verschlossenen Koffer getrennt von der Munition transportiert wird).

6.3 Erhalt der Waffenbesitzkarte (§ 10 Abs. 1 WaffG)

Für den legalen Erwerb und die Ausübung der tatsächlichen Gewalt über eine Schusswaffe wird grundsätzlich eine Waffenbesitzkarte benötigt.

Sie berechtigt jedoch nicht zum Führen einer Schusswaffe (dazu wird ein Waffenschein benötigt, s. Kapitel 6.6).

Liegt eine der folgenden Voraussetzungen nicht vor, so ist die Waffenbesitzkarte und auch der Munitionserwerbschein zu versagen.

Voraussetzungen für eine Erlaubnis gemäß § 4 WaffG:
Zuverlässigkeit: Als unzuverlässig gilt u. a., wer wegen eines Verbrechens oder wegen sonstiger vorsätzlicher Straftaten zu einer Freiheitsstrafe von mindestens einem Jahr verurteilt worden ist, wenn seit dem Eintritt der Rechtskraft der letzten Verurteilung zehn Jahre noch nicht verstrichen sind (§ 5 WaffG).

In der Regel als unzuverlässig gilt u. a., wer wegen einer vorsätzlichen Straftat oder einer Straftat gegen das Waffengesetz mindestens zu einer Geldstrafe von 60 Tagessätzen oder zweimal zu einer geringeren Geldstrafe verurteilt wurde und seit Rechtskraft der letzten Verurteilung noch keine fünf Jahre vergangen sind.

Volljährigkeit: Seit 1. April 2003 gilt für Sportschützen grundsätzlich das Mindestalter 21 Jahre.

Persönliche Eignung: Personen unter 25 Jahren müssen bei der erstmaligen Erteilung einer Erlaubnis ein psychologisches Gutachten vorlegen (§ 6 WaffG).

Waffensachkundeprüfung: Es muss der Nachweis erbracht werden, dass man mit der Waffe theoretisch und praktisch sowie mit den rechtlichen Grundlagen vertraut ist (§ 7 WaffG).

Bedürfnis: Man muss das Bedürfnis für den Waffenerwerb und -besitz, d. h. besondere wirtschaftliche oder persönliche Interessen sowie die Geeignetheit und Erforderlichkeit der Waffe und Munition für den angestrebten Zweck glaubhaft machen (liegt z. B. vor bei Sportschützen und wesentlich mehr als die Allgemeinheit gefährdeten Personen, wie Geld- und Werttransportmitarbeitern, Personenschützern usw. § 8 WaffG).

Werden die Voraussetzungen erfüllt, so ist man ein Jahr lang berechtigt, die genehmigte Waffe zu erwerben. Nach Eintragung der Waffe gilt die Waffenbesitzkarte, solange die o. g. Voraussetzungen erfüllt sind.

6.4 Munitionserwerb (§ 10 Abs. 3 WaffG)

Die Erlaubnis zum Erwerb und Besitz von Munition wird durch Eintragung in die Waffenbesitzkarte für die darin eingetragenen Schusswaffen erteilt. In den übrigen Fällen wird die Erlaubnis durch einen Munitionserwerbsschein für eine bestimmte Munitionsart erteilt; sie ist für den Erwerb der Munition auf die Dauer von sechs Jahren befristet.

Für den Besitz der Munition gilt sie unbefristet.

6.5 Schusswaffen und Munition für Bewachungsunternehmer und ihr Bewachungspersonal (§ 28 WaffG)

Bewachungsunternehmer und deren Personal dürfen zur tatsächlichen Durchführung konkreter Aufträge Schusswaffen erwerben, besitzen und führen, wenn glaubhaft gemacht wird, dass Bewachungsaufträge wahrgenommen werden oder werden sollen, die aus Gründen der Sicherung einer gefährdeten Person oder eines gefährdeten Objektes Schusswaffen erfordern.

Bewachungspersonal, das dienstlich im Rahmen eines Arbeitsverhältnisses Schusswaffen des Erlaubnisinhabers (Bewachungsunternehmer) nach dessen Weisung besitzen oder führen soll, ist der zuständigen Behörde zur Prüfung zu benennen.

Die Überlassung von Schusswaffen oder Munition darf jedoch erst erfolgen, wenn die zuständige Behörde zugestimmt hat.

6.6 Erhalt des Waffenscheins (§ 10 Abs. 4 WaffG)

Einen Waffenschein erhält man ebenfalls unter den oben zur Waffenbesitzkarte genannten Voraussetzungen (vgl. Kapitel 6.3), wenn zusätzlich eine **Haftpflichtversicherung** vorliegt (§ 4 WaffG). Diese ist nötig, um eventuelle Schäden, die mit der Waffe verursacht werden, abzudecken.

Der Waffenschein berechtigt zum Führen der Schusswaffe, also zum zugriffsbereiten Tragen im öffentlichen Bereich.

> **Hinweis:**
> Die Waffe ist nicht zugriffsbereit, wenn sie z. B. in einem verschlossenen Behältnis getrennt von der Munition transportiert wird.

Entscheidend ist das **„Bedürfnis"**, da die jeweils zuständige Behörde sehr strenge Maßstäbe ansetzt, ehe sie die Erlaubnis erteilt, dass jemand im öffentlichen Bereich eine Schusswaffe bei sich führt (z. B. gefährdete Personen, Bewachungsunternehmer, die die Geeignetheit und Erforderlichkeit der Waffen oder der Munition für den beantragten Zweck glaubhaft machen).

Der Waffenschein gilt für drei Jahre und kann danach maximal zweimal verlängert werden, gilt also insgesamt höchstens neun Jahre.

Wichtig:
Nach § 42 WaffG ist es verboten, in öffentlichen Veranstaltungen Schusswaffen, Hieb- oder Stoßwaffen zu führen. Die zuständige Behörde kann jedoch im Einzelfall eine Ausnahmegenehmigung erteilen.

Achtung:
Für Signal-, Gas- und Schreckschusswaffen besteht die Pflicht eines sogenannten „kleinen Waffenscheins", wobei insbesondere die Zuverlässigkeit des Erwerbers geprüft wird (§ 10 Abs. 4 WaffG, letzter Satz).

Der Waffenschein ist zu versagen, wenn die o. g. Voraussetzungen nicht erfüllt sind.

6.7 Verbotene Waffen (§ 40 WaffG i. V. m. Anlage 2 zum WaffG)

Verbotene Waffen sind Gegenstände, die man sich nicht beschaffen, die man nicht besitzen oder weitergeben darf.

Dazu gehören u. a.:
- Über den üblichen Umfang hinaus zerlegbare oder zusammenklappbare Schusswaffen.
- Spring- und Fallmesser, die sich selbsttätig feststellen, Stilette, Wurfsterne, Butterflymesser, Faustmesser (Griff quer zur Klinge).
- Stahlruten, Totschläger, Schlagringe.
- Kriegswaffen, Kriegsmunition.
- Waffen, die durch andere Gegenstände verkleidet sind (z. B. Stockdegen) oder andere Gegenstände vortäuschen (Schießfüller etc.).
- Vorrichtungen zum Anleuchten des Ziels, Nachtzielgeräte.
- Nicht amtlich zugelassene „Elektroimpulsgeräte“ (Elektroschocker).
- Gegenstände, bei denen leicht entflammbare Stoffe so verteilt und entzündet werden, dass schlagartig ein Brand entstehen kann (z. B. „Molotow-Cocktail“).

6.8 Straf- und Bußgeldvorschriften (§§ 51–54 WaffG)

Wer sich vollautomatische oder verbotene halbautomatische Selbstladewaffen beschafft, sie besitzt oder weitergibt, kann eine Freiheitsstrafe bis zu fünf Jahren erhalten, § 51 WaffG.

Nach § 52 WaffG ist es u. a. auch eine Straftat, wenn man in einer öffentlichen Veranstaltung Schusswaffen, Hieb- oder Stoßwaffen führt, was mit bis zu drei Jahren Freiheitsstrafe geahndet werden kann.

Ordnungswidrig handelt nach § 53 WaffG, wer z. B. einer vollziehbaren Auflage der zuständigen Behörde zuwiderhandelt.

So müssen beispielsweise erlaubnispflichtige Schusswaffen mindestens in einem der Norm DIN/EN 1143-1 Widerstandsgrad 0 (Stand Mai 1997) entsprechenden oder gleichwertigen Behältnis aufbewahrt werden. Diese Aufbewahrung ist der zuständigen Behörde auf Verlangen nachzuweisen (§ 36 WaffG).

6.9 Behandlung von verbotenen Gegenständen/Behandlung von Betäubungsmitteln nach BtMG durch Wachleute

Bei Einlasskontrollen zu Veranstaltungen (Sportveranstaltung, Rockkonzert o. Ä.) sowie zu Diskotheken kann es vorkommen, dass Besucher entweder verbotene Gegenstände oder erlaubnispflichtige Betäubungsmittel bei sich führen.

Wichtig:
Eine Wegnahme der Gegenstände durch die Wachleute gegen den Willen des Betroffenen ist unzulässig.

Es kommt allenfalls eine freiwillige Herausgabe der Gegenstände in Betracht.

Hierbei kommt es jedoch zu dem Problem, dass dann die jeweiligen Wachleute die tatsächliche Gewalt über die Gegenstände ausüben, also selbst gegen das WaffG oder das BtMG verstoßen.

Ein Lösungsansatz besteht darin, sich im Vorfeld mit der zuständigen Polizeidienststelle abzusprechen und eine Vorgehensweise festzulegen.

Dabei kommt entweder in Betracht, dass die Gegenstände von der Polizei abgeholt oder dort abgegeben werden.

Bei schweren Verstößen (illegale Schusswaffe o. Ä.) sollte die Polizei sofort hinzugezogen werden, damit gegen den Täter entsprechende rechtliche Schritte eingeleitet werden können.

6.10 Zusammenfassung

- Unter Erwerb einer Schusswaffe versteht man das Erlangen der tatsächlichen Gewalt über die Waffe.
- Unter Überlassen versteht man, dass einem anderen die tatsächliche Gewalt über die Waffe eingeräumt wird.
- Unter Führen versteht man, eine Waffe außerhalb des eigenen befriedeten Besitztums (Wohnung, Geschäftsräume) zugriffsbereit bei sich haben.
- Eine Waffenbesitzkarte berechtigt zum Erwerb einer Schusswaffe.
- Ein Waffenschein berechtigt zum Führen der Schusswaffe.
- Verbotene Gegenstände wie z. B. Totschläger dürfen nicht erworben werden.

7. Unfallverhütungsvorschriften

Die Kenntnis der Unfallverhütungsvorschriften und daraus abgeleitetes sicherheitsgerechtes Verhalten sind wesentliche Voraussetzungen für eine gefahrlose Tätigkeit im Sicherheitsgewerbe.

Die Unfallverhütungsvorschriften nehmen in der schriftlichen Sachkundeprüfung den Anteil 8 von 100 ein. Sie sind außerdem Gegenstand der mündlichen Prüfung.

7.1 Grundlagen

Das Sozialgesetzbuch (SGB) bestimmt in seinem siebten Buch (VII), dass die **Unfallversicherungsträger Unfallverhütungsvorschriften** (UVV) erlassen. Diese sind vom Bundesministerium für Arbeit und Soziales zu genehmigen. Die UVV sind stets im Zusammenhang mit den Gesetzen und Rechtsverordnungen des Bundes zu betrachten (z. B. Arbeitsschutzgesetz, Arbeitsstättenverordnung).

Als **Unfallversicherungsträger** fungieren insbesondere die **Berufsgenossenschaften** (BG). Im Interesse eines übersichtlichen Regelwerkes, das frei von Doppelungen ist, haben sich die BG und die Unfallkassen auf eine gemeinsame Strategie verständigt. Unter dem Kürzel „DGUV“ (Deutsche Gesetzliche Unfallversicherung) werden Veröffentlichungen zur Arbeitssicherheit bzw. zum Gesundheitsschutz nach folgender Systematik bekannt gemacht:

- **DGUV Vorschriften** (enthalten verbindliche Vorgaben für Unternehmer und Versicherte),
- **DGUV Regeln** (geben Hilfestellung bei der Umsetzung der Vorschriften)
- **DGUV Grundsätze** (enthalten Maßstäbe für Verfahrensfragen, z. B. zur Durchführung technischer Überprüfungen),
- **DGUV Informationen** (geben Erläuterungen und Praxistipps).

> **Hinweis:**
> Bewachungsgewerbetreibende werden im Text als **Unternehmer**, Bewachungspersonal als **Versicherte** bezeichnet.

7.2 Grundsätze der Prävention (DGUV Vorschrift 1, früher BGV A 1)

Der **Unternehmer** muss:

- Einrichtungen, Anordnungen und Maßnahmen zur Unfallverhütung treffen,
- die Vorschriften über ärztliche Vorsorgeuntersuchungen anwenden,
- sich mit anderen Unternehmern abstimmen (bei zeitlich und örtlich „gemeinsamer" Tätigkeit),
- verantwortliche Personen bestimmen und „Arbeitssicherheit als Führungsaufgabe" umsetzen,
- sein Personal unterweisen und dessen Mitwirkung an der Unfallverhütung fördern,
- geeignete Schutzausrüstungen zur Verfügung stellen und UVV an geeigneter Stelle auslegen,
- der BG Auskunft über Arbeitsunfälle geben, Besichtigungen seines Unternehmens ermöglichen sowie Anordnungen der BG fristgerecht realisieren,
- einen Sicherheitsbeauftragten bestellen (wenn 21–150 Versicherte räumlich und zeitlich zusammenhängend arbeiten), bei 151–500 = 2, 501–1000 = 3, jede weiteren 500 = +1,
- Verkehrswege frei und benutzbar halten lassen,
- Sicherheitseinrichtungen zur Verhütung/Beseitigung von Gefahren regelmäßig (jährlich) prüfen lassen (Feuerlöscher mindestens alle zwei Jahre).

Die **Versicherten** müssen:

- Weisungen des Unternehmers zur Unfallverhütung befolgen und alle Maßnahmen, die der Arbeitssicherheit dienen, unterstützen,
- die zur Verfügung gestellten persönlichen Schutzausrüstungen (PSA) benutzen,
- Einrichtungen bestimmungsgemäß verwenden,
- sicherheitstechnische Mängel unverzüglich beseitigen oder – wenn dies nicht möglich ist (z. B. weil die Sachkunde fehlt) – sie dem Vorgesetzten unverzüglich melden,
- Arbeitsstoffe und Einrichtungen nicht unbefugt benutzen bzw. betreten.

Es ist den Versicherten **verboten**:

- Sicherheitswidrige Weisungen zu befolgen,
- Kleidung, Schmuck/Uhren am Körper oder Gegenstände in der Kleidung zu tragen, wenn diese Gefährdungen hervorrufen können,

- sich durch Alkoholgenuss in einen Zustand zu versetzen, in dem man sich oder andere gefährden kann, sowie Versicherte in diesem Zustand mit Arbeiten zu beschäftigen,
- Bereiche, in denen gesundheitsgefährliche Stoffe auftreten können, ohne Befugnis und ohne Anwendung der erforderlichen Sicherungsmaßnahmen zu betreten oder zu befahren.

Nach der DGUV Vorschrift 2 muss der **Unternehmer**:
- für die Erste Hilfe/zur Rettung vor einer Gefahr für Leben und Gesundheit Folgendes zur Verfügung stellen: Meldeeinrichtungen, Sanitätsräume, Erste-Hilfe-Material, Rettungsgeräte, Rettungstransportmittel und Personal,
- sicherstellen, dass nach einem Unfall sofort Erste Hilfe geleistet und erforderliche ärztliche Versorgung veranlasst wird,
- gewährleisten, dass Erste-Hilfe-Material jederzeit schnell erreichbar, leicht zugänglich, in geeigneten Behältnissen geschützt und in ausreichender Menge bereitgehalten wird,
- die Versicherten vor Aufnahme der Beschäftigung und mindestens einmal jährlich im Verhalten bei Unfällen unterweisen (Nachweispflicht),
- Angaben über Notruf, Erste-Hilfe-Einrichtungen und -Personal sowie Ärzte durch aktuelle Aushänge bekannt geben,
- Erste-Hilfe-Material/Einrichtungen, Rettungsgeräte/Rettungstransportmittel durch Rettungszeichen kennzeichnen lassen,
- über Erste-Hilfe-Leistungen Aufzeichnungen fertigen und fünf Jahre aufbewahren.

Die **Versicherten** müssen:
- Maßnahmen, die der Ersten Hilfe dienen, unterstützen,
- wenn sie einen Unfall erlitten haben, ihre Arbeit mindestens so lange unterbrechen, bis ihnen Erste Hilfe geleistet wurde,
- sofern keine persönlichen Gründe entgegenstehen, bereit sein, sich zum Ersthelfer ausbilden zu lassen,
- jeden Unfall unverzüglich der zuständigen betrieblichen Stelle melden (ist der Verunfallte nicht selbst in der Lage, liegt die Meldepflicht bei dem Betriebsangehörigen, der vom Unfall zuerst erfahren hat).

7.3 Wach-, Sicherungs- und Werttransportdienste (DGUV Vorschrift 23, früher BGV C 7)

7.3.1 Eignung, Befähigung, Dienstanweisung, Unterweisung

Der Unternehmer darf für Wach- und Sicherungstätigkeiten nur Versicherte einsetzen, die das 18. Lebensjahr vollendet haben, persönlich zuverlässig sind, sich für die Aufgabe eignen (physisch wie psychisch) und angemessen ausgebildet sind.

Zu einer angemessenen **Ausbildung** gehören die Vermittlung allgemeiner Inhalte (z. B. Dienstkunde, Rechtskunde, Eigensicherung, Brandschutz, Erste Hilfe) sowie spezieller Befähigungen (z. B. Alarmverfolgung, Hundeführer, Schusswaffen-Ausbildung).

Kriterien für die **Eignung** sind an der jeweiligen Tätigkeit zu messen. Hierzu können gehören: körperliche/geistige Leistungsfähigkeit, Einfühlungsvermögen, Verantwortungsgefühl, Stressstabilität, Handlungsfähigkeit, Deeskalationsvermögen bei Konflikten u. a. m.

Für bestimmte Sicherungstätigkeiten sind arbeitsmedizinische Untersuchungen und Vorsorgemaßnahmen erforderlich (siehe Verordnung zur arbeitsmedizinischen Vorsorge = ArbMedVV).

Der Unternehmer muss über Eignung, Ausbildung und besondere Befähigungen **personenbezogene** Aufzeichnungen führen.

Mit der **Dienstanweisung** (DAW) hat der Unternehmer die sichere Durchführung von Aufträgen zu regeln. In der **allgemeinen** DAW sollten z. B. folgende Punkte berücksichtigt werden: Rechte und Pflichten, Eigensicherung, Verhalten bei Konfrontationen, Verbot von Schreck-, Reizstoff- oder Signalschusswaffen sowie von schusswaffenähnlichen Gegenständen, Anweisung über zu führende Notwehrgeräte, Organisations- und Kommunikationsfestlegungen, Verbot der Anmaßung hoheitlicher Befugnisse u. a. m.

In der **speziellen** DAW sind alle aufgaben- und objektbezogenen Regelungen zu erfassen und ggf. besondere Tätigkeiten/Handlungsabläufe festzulegen.

Eine **Einweisung** in die Aufgaben hat **vor** Aufnahme der Tätigkeit zu erfolgen. Diese muss zu jenen Zeiten stattfinden, in denen die Versicherten ihren Dienst versehen. Nachtdiensthabende sind **zusätzlich** bei Tageslicht einzuweisen, um eine ausreichende Ortskenntnis sicherzustellen. **Unterweisungen** müssen bei Bedarf (z. B. bei geänderten Aufgaben) sowie regelmäßig in angemessenen Abständen (z. B. vierteljährlich) durchgeführt werden. Einweisungen und Unterweisungen sind objekt- und personenbezogen vorzunehmen.

7.3.2 Überwachung, Ausrüstung und Mitwirkung der Versicherten

Der Unternehmer hat für die **Überwachung** der
- Versicherten bei ihrer Tätigkeit (s. u.) sowie der
- Einsatzbedingungen zu sorgen.

Im Hinblick auf die **Versicherten** müssen überwacht werden:
- deren sicherheitsgerechtes Verhalten,
- Zustand/Funktionsfähigkeit der Ausrüstungen und Einrichtungen,
- die bestimmungsgemäße Verwendung der Ausrüstungen und Einrichtungen.

Überwachungsmöglichkeiten sind z. B.: manuelle Kontrollen, Einsatz von Kommunikationsmitteln (Telefon, Funk), automatische, willensunabhängige Signalgeber („Totmannschaltung") oder Fahrtenschreiber.

Die **Einsatzbedingungen** sind tätigkeits-, auftrags- und objektbezogen zu überprüfen. Bei Veränderungen der örtlichen Gegebenheiten (z. B. Einrichtung einer Baustelle), des Auftrages (z. B. neue Streifenwege/-zeiten) oder anderen Anlässen (z. B. Unfälle, Störungen) sind jeweils erneute Überprüfungen erforderlich.

Überwachungen, Prüfungen und getroffene Maßnahmen sind **schriftlich** nachzuweisen.

Ausrüstungen, Hilfsmittel und Einrichtungen zum Schutze der Versicherten (z. B. wetterfeste Kleidung, leistungsfähige Handleuchten) müssen in ausreichender **Anzahl** und einwandfreiem (betriebssicheren) **Zustand** zur Verfügung stehen.

Die Versicherten müssen **geeignetes** Schuhwerk (rutschfeste, trittsichere Sohle, festes, widerstandsfähiges Material, ggf. Knöchelschutz) benutzen.

Die Versicherten sind in die Handhabung und Benutzung von Ausrüstungen, Hilfsmitteln und Einrichtungen zu **unterweisen**.

Zur **Mitwirkung** der Versicherten an der Unfallverhütung gehört:
- Die Dienstanweisung und sonstige Anweisungen des Unternehmers sind zu befolgen. (Anweisungen, die dem Gesundheitsschutz und/oder der Arbeitssicherheit offensichtlich entgegenstehen, dürfen **nicht** ausgeführt werden.)
- Maßnahmen, die der Sicherheit dienen, sind zu unterstützen (z. B. Helmpflicht).

- Tätigkeiten, die über den Umfang der speziellen Dienstanweisung hinausgehen, sind **nicht** durchzuführen.
- Zur Verfügung gestellte Ausrüstungen, Hilfsmittel und Einrichtungen (z. B. Gehörschutz zum Schießen) müssen **bestimmungsgemäß** benutzt werden.
- Festgestellte **Gefahren** und/oder **Mängel** sind zu **melden**. Derartige Meldungen sind grundsätzlich schriftlich festzuhalten und den betroffenen Personen umgehend bekannt zu geben.

Brillenträger müssen ihre Brille gegen Verlust schützen (z. B. durch ein Halteband) oder eine Ersatzbrille mitführen. Kontaktlinsenträger müssen generell eine Ersatzbrille dabei haben.

Darüber hinaus ist es den Versicherten **verboten, berauschende Mittel** (z. B. Alkohol, andere Drogen, Medikamente) während des Dienstes einzunehmen. Der Dienst muss **„nüchtern"** angetreten werden.

7.3.3 Führung/Haltung/Transport von Wachbegleithunden

Als **Diensthunde** dürfen ausschließlich Hunde zugelassener Rassen eingesetzt werden, die für die vorgesehenen Aufgaben ausgebildet sind, eine entsprechende Prüfung mit Erfolg abgelegt haben (z. B. Schutzhundeprüfung A, Diensthundeprüfung der Bundeswehr) und deren Eignung bei Bedarf überprüft wird (mindestens jedoch einmal jährlich).

Abweichend davon dürfen auch ungeprüfte Hunde verwendet werden, wenn sie **ausschließlich** für die Erfüllung von Wahrnehmungs- und Meldeaufgaben zum Einsatz kommen.

Als **Hundeführer** dürfen Versicherte nur dann tätig werden, wenn sie entsprechend ausgebildet sind und dem Unternehmer oder einem von ihm beauftragten Sachkundigen (z. B. Hundeführerausbilder mit Qualifikationsnachweis) ihre Befähigung regelmäßig nachweisen (mindestens einmal jährlich).

Hundeführer müssen ruhig, besonnen und fähig sein, eindeutig auf den Hund einzuwirken. Sie benötigen Verständnis und Einfühlungsvermögen für das Tier.

Ein Team (Hundeführer mit Hund), das seine Befähigung nicht gemeinsam nachgewiesen hat, darf erst eingesetzt werden, wenn der Hundeführer „seinen" Hund unter Kontrolle hat (z. B. Führigkeit des Hundes = Unterordnung; Hundeeinsatz bei Abwehr eines Überfalles = Schutzdienst).

Bösartige Hunde, die sich ihrem Führer nicht eindeutig unterordnen, dürfen nicht eingesetzt werden.

Für die **Hundehaltung** sind geeignete Zwinger erforderlich, die eine Einzelhaltung der Hunde ermöglichen. Die Einfriedungen müssen gegen Durchbeißen gesichert sein und eine Überwindung durch die Tiere ausschließen. Füttern und Tränken soll **von außen** gefahrlos möglich sein.

Zwingeranlagen sind mit einem Zutrittsverbot zu kennzeichnen. Belegte Zwinger dürfen nur von Personen betreten werden, die mit dem Hund vertraut sind. Säuberungs- und Instandhaltungsarbeiten dürfen nur ausgeführt werden, wenn der jeweilige Zwinger (zeitweilig) nicht belegt ist.

Für die **Hundeführung** gelten folgende Sicherheitsregeln:
- Eine Übernahme und Abgabe des einzelnen Hundes einschließlich seines An- und Ableinens sind im Zwinger bei geschlossener Tür vorzunehmen.
- Die Übergabe des Hundes von Person zu Person darf ausschließlich dann erfolgen, wenn beide Hundeführer mit dem Hund vertraut sind und hierbei keine Gefährdung zu befürchten ist.
- Vor jeder **Kontaktaufnahme** mit einem Hund (Ansprechen mit dem Namen, Gelegenheit zur Geruchswahrnehmung geben) haben sich die Versicherten davon zu überzeugen, dass der Hund folgsam und **nicht aggressiv** ist. Trifft dies nicht zu (z.B. wenn der Hund knurrt, die Zähne fletscht, die Nackenhaare sträubt oder eine steife Rute hat), ist der Direktkontakt zu unterlassen und der Hund nicht einzusetzen.
- Ohne Führleine dürfen Hunde nur in eingefriedeten Bereichen geführt werden, wenn eine Begegnung mit Dritten oder anderen Hunden nicht erwartet werden muss.
- Bei Begegnungen mit Dritten ist der Hund fest zu führen (fester Halt und ausreichender Sicherheitsabstand), so dass er jene nicht erreichen kann.
- Werden Hunde mit verschiedenen Hundeführern eingesetzt, so ist eine einheitliche Kommandosprache festzulegen und anzuwenden (mit ruhiger Sprechstimme, außer bei Ausnahmesituationen).
- Führleinen dürfen nicht am Körper des Hundeführers oder am Fahrrad befestigt werden (Gefährdung der Person).

Der **Hundetransport** in Fahrzeugen ist nur erlaubt, wenn eine Abtrennung zwischen Transportraum und Fahrgastbereich vorhanden ist. Sollen mehrere Hunde transportiert werden, sind die Hunde voneinander zu trennen (außer wenn das Verhalten der Tiere ihren Transport in einem Raum zulässt).

7.3.4 Schusswaffen (Ausrüstung/Aufbewahrung/Führung)

Die **Ausrüstung** mit Schusswaffen ist auf das zwingend notwendige Maß zu beschränken und hat durch den Unternehmer nach den waffenrechtlichen Bestimmungen zu erfolgen. Schusswaffen dürfen nur bereitgehalten und geführt werden, wenn sie amtlich geprüft sind und ein in der Bundesrepublik Deutschland anerkanntes Beschusszeichen tragen.

Schreck-, Reizstoff- oder Signalschusswaffen sowie schusswaffenähnliche Gegenstände dürfen im Dienst nicht bereitgehalten oder geführt werden, weil sie ein trügerisches Sicherheitsgefühl vermitteln und bei Konfrontationen mit schusswaffentragenden Tätern zu einer extremen Gefährdung ohne ausreichende Selbstverteidigungsmöglichkeit führen können.

Versicherte, die mit Schusswaffen ausgerüstet werden, müssen **zuverlässig** und **geeignet** sein sowie über einen ausreichenden **Sachkunde-** und **Ausbildungsstand** an der Waffe verfügen.

Unzuverlässig sind z. B. Menschen, denen ein missbräuchlicher Umgang mit Waffen nachgewiesen wurde.

Ungeeignet sind z. B. Personen, bei denen körperliche Unzulänglichkeiten (z. B. Sehschwäche) oder andere Einschränkungen (z. B. begrenzte Reaktionsfähigkeit) bestehen.

Als **sachkundig** gilt, wer die erforderlichen Fähigkeiten und Kenntnisse über den Umgang mit Schusswaffen und Munition, über die Reichweite und Wirkungsweise der Geschosse, über die waffenrechtlichen Vorschriften sowie insbesondere über die Bestimmungen über Notwehr und Notstand nachgewiesen hat.

Versicherte, die mit Schusswaffen ausgerüstet sind, müssen ihren Sachkundestand regelmäßig nachweisen (mindestens einmal jährlich), Gleiches gilt für ihre Schießfertigkeiten (alle drei Monate). Diese Nachweise sind aufzuzeichnen (zu dokumentieren).

Schusswaffen müssen mindestens einmal jährlich sowie bei Verdacht auf Mängel, von Sachkundigen auf ihre Handhabungssicherheit geprüft und erforderlichenfalls von hierfür zugelassenen Personen instand gesetzt werden (z. B. in einer Fachwerkstatt).

Beim **Führen** von Schusswaffen sind folgende Sicherheitsregeln zu beachten:

- Schusswaffen dürfen nur in geeigneten Trageeinrichtungen geführt werden.
- Munition darf nicht lose mitgeführt werden.

- Mit einer Sicherungseinrichtung ausgestattete Schusswaffen sind zu sichern (außer bei ihrem Einsatz).
- Schusswaffen dürfen nur in entladenem und entspanntem Zustand übergeben werden. Der Übernehmende hat sich sofort vom Zustand der Schusswaffe zu überzeugen und diese auf augenfällige Mängel zu kontrollieren.
- Bei Feststellung von Mängeln darf die Schusswaffe nicht geführt werden (vor Wiederverwendung hat eine sachkundige Instandsetzung zu erfolgen).
- Laden und Entladen von Schusswaffen darf nur an einem sicheren Ort (vorzugsweise mit einer geeigneten Kugelfangeinrichtung) so erfolgen, dass Personen nicht verletzt werden können.

Zur **Aufbewahrung** von Schusswaffen und Munition dürfen ausschließlich Einrichtungen verwendet werden, die eine getrennte Lagerung von Schusswaffen und Munition ermöglichen und hinreichenden Schutz gegen unbefugten Zugriff bieten. Schusswaffen dürfen nur in entladenem Zustand und unter Verschluss aufbewahrt werden.

Von den Festlegungen zur Führung, Übergabe sowie Aufbewahrung von Schusswaffen und Munition darf abgewichen werden, wenn besondere behördliche oder militärische Regelungen bestehen, die eine Abweichung erforderlich machen und die Sicherheit auf andere Weise gewährleisten.

7.3.5 NSL (Notruf- und Serviceleitstelle, ständig besetzte Stelle)

NSL sind durch ihre Aufgabenstellung (z. B. Aufschaltung von Einbruchmeldeanlagen, Organisation der Alarmverfolgung) einer erhöhten Überfallgefahr ausgesetzt. Sie müssen ausreichend gesichert werden. Zu einer ausreichenden Sicherung zählen:

- Durchschuss- und durchbruchhemmende Fenster, die den gültigen Normen gerecht werden,
- Fensterbeschläge und -rahmen (inkl. umgebende Gebäudeteile wie Mauerwerk), die dem Widerstandswert der Verglasung entsprechen,
- selbst schließende Außentüren mit einer normgerechten Widerstandsklasse, die sich von außen nur mit Sicherheitsschlüssel o. Ä. öffnen lassen,
- Schlösser und Beschläge, die der Widerstandsklasse der Tür entsprechen,
- Sichtmöglichkeit von innen nach außen, nicht aber umgekehrt,
- normgerechte Überfallmeldeanlage mit Weiterschaltung zu einer vom Überfall unabhängigen Hilfe leistenden Stelle.

7.3.6 Werttransportdienste

Werttransporttätigkeiten (z. B. Ver-/Entsorgung von Geld-/Fahrschein- o. a. -Automaten, Beschickung von Nachttresoren) **zu Fuß** sind von mindestens zwei Versicherten durchzuführen, von denen einer die Sicherung zu übernehmen hat.

Ausnahmen davon sind möglich, wenn
- ausschließlich Münzen transportiert werden und dies auch für Außenstehende erkennbar ist,
- durch geeignete (technische) Transportsicherungen, die für Außenstehende deutlich erkennbar sind, der Anreiz zu Überfällen deutlich verringert wird,
- im Ausnahmefall, wenn bei einmaligem – für Außenstehende nicht erkennbaren – Transport die Werte unauffällig in „bürgerlicher" Kleidung befördert werden.

Technische Transportsicherungen dürfen mit dem Boten **nicht fest** verbunden sein.

Für den Transport mit Fahrzeugen sind spezielle **Werttransportfahrzeuge** einzusetzen. Diese verfügen u. a. über
- angriffshemmende (durchschuss- und durchbruchhemmende) Aufbauten (einschließlich Dächer, Fenster und Radkästen),
- Zugangs- und Verschlusssysteme nach dem „Schleusenprinzip" sowie Notausstiege,
- Einrichtungen zur Umfeldbeobachtung (z. B. Videosysteme, zusätzliche Spiegel),
- Heizungs- und Lüftungseinrichtungen sowie Kühlluft-/Klimaanlagen,
- Kommunikationseinrichtungen, die eine ständige Erreichbarkeit anderer Stellen ermöglichen,
- Überfallmeldeanlagen und Dachkennzeichnungen,
- (ggf.) zusätzliche Laderaumsicherungen (z. B. fest mit dem Fahrzeug verbundene Tresorbehältnisse, Farbrauch- oder Nebelsysteme).

Der Einsatz von Werttransportfahrzeugen ist nicht erforderlich, wenn
- ausschließlich Münzen transportiert werden und dies auch für Außenstehende erkennbar ist,
- im Ausnahmefall, wenn ein einmaliger Transport – für Außenstehende als Werttransport nicht erkennbar – durchgeführt wird,
- ausschließlich Belege transportiert werden und dies **nicht** mit einem Werttransport verwechselbar ist.

Werttransportfahrzeuge müssen während des gesamten Transportes in öffentlich zugänglichen Bereichen ständig mit mindestens einem Versicherten besetzt sein. Dabei sind die Türen des besetzten Fahrzeugbereiches stets verriegelt zu halten.

Mit der ständigen Besetzung soll gewährleistet werden, dass
- außerhalb des Fahrzeuges tätigen Boten der Zugang zum Fahrzeug (von innen) freigegeben werden muss und diese dadurch nicht erpressbar sind,
- eine Kommunikation mit dem Boten erfolgen kann,
- eine Umfeldbeobachtung aus dem Fahrzeug durchgeführt wird,
- aus dem Fahrzeug heraus Notrufe/Alarme unverzüglich abgesetzt werden können.

Beobachten die Versicherten während der Fahrt Umstände, die auf eine **erhöhte Gefährdung** schließen lassen (z. B. Unfälle, Verkehrskontrollen, Fahrbahnblockaden, Umleitungen, Baustellen, Bauzelte, auffällige Fahrzeuge oder Personen), ist das weitere Vorgehen mit anderen Stellen abzustimmen (z. B. Einsatzleitstelle, Polizei).

Akustische und optische Alarmeinrichtungen des Werttransportfahrzeuges sind bei **Überfällen** nur zu betätigen, wenn dadurch keine zusätzliche Gefährdung erwartet werden muss. Risiken sollen nicht eingegangen werden, aber eine Meldung an die Leitstelle ist in jedem Fall sinnvoll.

Einrichtungen und Räume für die Bearbeitung, Kommissionierung und/oder Lagerung von Geld oder sonstigen Valoren (Wertsachen) sind gegen Überfälle sowie unbefugten oder unbemerkten Zugang zu sichern.

Darüber hinaus müssen im Interesse der Arbeitssicherheit und des Gesundheitsschutzes Gefährdungen ausgeschlossen werden (z. B. Quetsch- und Scherstellen der Türen von Geldschränken, große Münzgeldlasten, Lärmbelastung durch Geldzählmaschinen u. a.).

7.4 Sicherheits- und Gesundheitsschutzkennzeichnung am Arbeitsplatz (ASR A 1.3, DGUV Vorschrift 9, früher BGV A 8)

> **Hinweis:**
> Im Zuge der internationalen Abstimmung von Sicherheitszeichen (z. B. EN ISO 7010) existieren in Deutschland inzwischen neue Normen (z. B. DIN 4844) und Regelwerke (z. B. ASR A 1.3), die bei der Neuausstattung von Gebäuden anzuwenden sind. Die BGV A 8 wurde jedoch nicht außer Kraft gesetzt und gilt weiterhin. Allerdings ist eine „Mischung“ alter und neuer Zeichen nicht zulässig.

Bei der Sicherheitskennzeichnung werden fünf Arten von Sicherheitszeichen verwendet: Verbotszeichen, Warnzeichen, Gebotszeichen, Rettungszeichen und Brandschutzzeichen.

Viele Zeichen der BGV A 8 wurden in die ASR A 1.3 übernommen. Der Unternehmer kann die Kennzeichnung gemäß BGV A 8 beibehalten, wenn der Sicherheitszweck erfüllt ist.

Die Zeichen sollen aufgrund der Kombination von **geometrischer Form, Farbe** und entsprechenden **Symbolen** (Bildzeichen) eine **Schutzaussage** ermöglichen.

Die **Verbotszeichen** haben eine runde Form, ihre Grundfläche ist weiß, Rand und Querbalken sind rot und das Bildzeichen (Symbol) ist schwarz.

Die **Warnzeichen** besitzen eine dreieckige Form. Ihre Grundfläche ist gelb, der Rand und das Bildzeichen sind schwarz.

Die **Gebotszeichen** sind kreisrund. Ihre Grundfläche ist blau, das jeweilige Bildzeichen weiß.

Die **Rettungszeichen** haben eine rechteckige Form (teils als Quadrat). Ihre Grundfläche ist grün, das Bildzeichen weiß.

Die **Brandschutzzeichen** besitzen eine quadratische (rechteckige) Form. Ihre Grundfläche ist rot, das Bildzeichen weiß.

Auch auf die Kennzeichnung von Hindernissen und Gefahrenstellen wird hingewiesen:

Ständige Gefahrenstellen (z. B. Betonsockel → Stolpergefahr) oder Hindernisse sind durch **gelb-schwarze** Streifen zu kennzeichnen.

Zeitlich begrenzte Gefahrenstellen oder Hindernisse (z. B. Baugerüst → Kopfstoßgefahr) sind durch **rot-weiße** Streifen zu kennzeichnen.

Sicherheitspersonal hat im Rahmen seiner Kontrolltätigkeit auch das Vorhandensein von Sicherheitszeichen sowie die Einhaltung entsprechender Sicherheitshinweise zu überprüfen.

> **Hinweis:**
> Vorsätzliches oder fahrlässiges Zuwiderhandeln gegen Unfallverhütungsvorschriften kann gemäß § 209 SGB VII als Ordnunsgwidrigkeit geahndet werden.

8. Umgang mit Menschen

Der Umgang mit Menschen umfasst in der schriftlichen Prüfung den Anteil 16 von 100. Er ist zugleich ein wichtiger Schwerpunkt der mündlichen Sachkundeprüfung.

8.1 Wahrnehmung

Die **Wahrnehmung** stützt sich auf alle Sinne (Sehen, Hören, Riechen, Fühlen, Schmecken).

Mit der Wahrnehmung werden oft „Weichen gestellt", die den Verlauf des weiteren Verhaltens von Menschen, also auch ihre Kommunikation maßgeblich beeinflussen. Was und wie wahrgenommen wird, hängt von verschiedenen **Faktoren** ab:

a) **persönliches Befinden** (ein Mensch mit Kopfschmerzen ist gewöhnlich in seinen Fähigkeiten eingeschränkt; der Rüffel eines Vorgesetzten kann ebenfalls auf die Wahrnehmung durchschlagen),
b) **Aufmerksamkeit** (nur wer wach und konzentriert ist, kann bewusst wahrnehmen),
c) **Sachverständnis** (Dinge, von denen jemand etwas versteht, werden besser wahrgenommen),
d) **Interesse** (das, wofür man sich besonders interessiert, nimmt man eher wahr),
e) **Motivation** (das, was jemanden besonders bewegt, z. B. großer Durst, beeinflusst die Wahrnehmung),
f) **Wahrnehmungsfähigkeit** (wer einen Gehörschaden hat, wird akustisch meist schlechter wahrnehmen),
g) **Wahrnehmungsbereitschaft** (wenn persönliche Sorgen plagen, werden andere, womöglich wichtige „Feinheiten" schlechter wahrgenommen).

In Bezug auf das Beurteilen von Personen können verschiedene Fehlerquellen hinzutreten:

- die **eigene Urteilstendenz** (kann positiv oder negativ geprägt sein – „halb voll" contra „halb leer"),
- die **vermeintliche Ähnlichkeit** (einem sympathischen Menschen billigt man eigene gute Eigenschaften gern zu, einem unsympathischen spricht man sie ab),

- die **unbewusste Projektion** (wenn man bei einem Unbekannten das „Ebenbild" eines Bekannten zu entdecken glaubt, „überträgt" man mitunter die Eigenschaften des Bekannten auf den Fremden),
- der **Halo-Effekt** (bei einem „strahlenden" Menschen übersieht man Fehler – „Liebe macht blind"),
- die **Vorurteile** (häufig auch angesammelte „Alltagsweisheiten", z.B.: „alle Schotten sind geizig").

Für die Qualität der Wahrnehmung ist auch das **wahrgenommene Merkmal** selbst bedeutsam. (Der laute Knall einer Explosion wird gewöhnlich einen stärkeren Eindruck hinterlassen als das Herabfallen eines faulen Apfels.)

Darüber hinaus ist die **Situation**, in der etwas wahrgenommen wird, wichtig. (Ein tropfender Wasserhahn „beeindruckt" in der Stille der Nacht weitaus mehr als in der lautstarken Geschäftigkeit des Tages.)

8.1.1 Körpersprache

Wenn Personen miteinander kommunizieren, tauschen sie – bewusst und vielfach unbewusst – Nachrichten aus. Fachleute haben herausgefunden, dass 55 Prozent dieses Austausches über **non-verbale** (nicht sprachliche) Signale ablaufen. Weitere 38 Prozent sind sogenannte **vokale** (auch pseudoverbale oder para-verbale) Signale. Dazu gehören Tonfall, Lautstärke, Betonung, Stimmklang, aber auch Stöhnen, Räuspern u.a.m. Nur sieben Prozent von „Botschaften" bestehen aus **verbalen** (sprachlichen) Signalen.

Die **Körpersprache** ist also ein außerordentlich wichtiger Faktor der Kommunikation. Mithilfe von Muskelbewegungen werden Empfindungen, Gefühle usw. als Körperreaktionen ausgedrückt, die für das Gegenüber erkennbar sind. **Haltung und Bewegung** lassen Schlüsse auf die jeweilige Befindlichkeit einer Person zu (z.B. Eile, Niedergeschlagenheit usw.). **Gesten** können Zustimmung, Ablehnung, Zurückhaltung, Respekt, Vertraulichkeit u.v.a. signalisieren. Dazu gehören das freundliche Zuwinken und Nicken ebenso wie die beleidigenden „Grüße" mancher Kraftfahrer. Der **Gesichtsausdruck** (die Mimik) ist ein markantes „Signalfeld". Lächeln, Stirnrunzeln, Rümpfen der Nase, Herabziehen der Mundwinkel und vieles mehr lassen erkennen, wie der andere empfindet. Signale empfangen wir auch aus **Berührungen**. So fördert ein fester Händedruck das Vertrauen in eine Person, während ein schlaffer Händedruck halbherzig wirkt. Allerdings ist zu beachten, dass auch gesundheitliche Gründe Ursache eines schlaffen Händedrucks sein können.

Wird Körpersprache gezielt eingesetzt (z.B. spezielle Gesten), kann sie die Verständigung fördern. Vielfach „verrät" die Körpersprache aber, dass die gesagten Worte nicht der Wahrheit entsprechen. Sicherheitspersonal sollte daher bemüht sein, keine Widersprüche zwischen den gesendeten verbalen und non-verbalen Signalen zuzulassen.

8.1.2 Erster Eindruck

Der **erste Eindruck** ist ein „Gesamtbild" von einer (noch) unbekannten Person, Situation oder Sache. Er entsteht mehr unbewusst als bewusst in den ersten (max. 20) Sekunden und wirkt meist nachhaltig.

Der erste Eindruck beruht auf dem Vergleich der wahrgenommenen Merkmale (siehe Wahrnehmung) mit dem „Speichermaterial" in unserem Gehirn. Sind die „gespeicherten Daten" positiv, so entsteht ein positives Urteil (oder umgekehrt).

Eine markante Quelle des ersten Eindrucks ist die **Erscheinung**. Zu ihr gehören Alter, Geschlecht, Status und Attraktivität. Ist der Unbekannte älter, so begegnen wir ihm gewöhnlich respektvoller als einem jüngeren Menschen. Ist er schon sehr alt und gebrechlich, empfinden wir (normalerweise) ein bestimmtes Maß an Fürsorgepflicht.

Die Wirkung der Geschlechter aufeinander kann die Kommunikation fördern, aber auch hemmen.

Zum Status zählen Merkmale wie berufliche Position (z. B. Geschäftsführer), Besitzgrad, Titel u. a.

Die Attraktivität spiegelt sich im Aussehen (etwa der Figur oder dem Antlitz), aber auch in der Kleidung, der Frisur usw. wider.

Sicherheitspersonal sollte sich immer bemühen, einen positiven (ersten) Eindruck zu hinterlassen. Dabei helfen

- Attraktivität (gepflegte Frisur, Rasur), Sauberkeit (des Körpers, der Kleidung), ordentliches Schuhwerk (geputzt, keine schiefen Absätze), exakte Bügelfalten, gepflegte Hände (Sauberkeit, Fingernägel nicht abbeißen usw.), vorschriftsmäßige Dienstkleidung (z. B. keine weißen Socken u. a. m.),
- der richtige Ton (freundlich, verbindlich, nicht anmaßend oder beleidigend), Verzicht auf unangenehme Lautstärke (Stimmgewalt nur dort, wo es unumgänglich ist), „korrekte" und deutliche Sprache),
- selbstsichere Körpersprache (aufrechte Körperhaltung, freundlicher Blick, gerade Kopfhaltung, keine „zweideutige" Mimik oder Gestik).

8.1.3 Territorialverhalten

Neben den allgemein üblichen Formen der Achtung und des Respekts gegenüber Menschen muss das persönliche „Hoheitsgebiet" beachtet werden. Jedes Lebewesen hat einen sogenannten „Verteidigungskreis", dessen Verletzung zu Flucht- oder Kampfverhalten führen kann. Vereinfacht lässt sich die Umgebung eines Menschen in vier Zonen einteilen: Intimbereich (0–0,5 m), Nahbereich (0,5–1,2 m), Gesellschaftszone (1,2–3 m) öffentlicher Bereich (über 3,5 m).

Es versteht sich von selbst, dass Sicherheitspersonal anderen Personen nicht zu nahe kommt (es sei denn, die konkrete Situation zwingt zu solchem Handeln). Im Nahbereich kann man sich mit anderen zwanglos unterhalten, ohne eine Bedrohung zu empfinden. Trotzdem gehört diese Zone noch zur Privatsphäre. Wer sich in diesen Bereich begibt, muss damit rechnen, dass der andere verwirrt oder ablehnend reagiert. Deshalb sind Feingefühl und schrittweises Vorgehen geboten, damit keine Spannungen entstehen. Die Kommunikation findet in der Regel innerhalb der Gesellschaftszone statt. In dieser Sphäre wird die Handlung gewöhnlich nicht als Eindringen empfunden. Im öffentlichen Bereich sollte nur kommuniziert werden, wenn es die Lage unbedingt erfordert – etwa, um ein Problem „auf Zuruf" zu klären.

Durch aufmerksames Beobachten der Körpersprache kann festgestellt werden, ob man zu tief in die persönlichen Bereiche des anderen eingedrungen, d.h. „zu weit gegangen" ist. Deutliche Zeichen dafür sind Verteidigungsgesten (z.B. das Verschränken der Arme), Haltungsänderungen (z.B. das häufige Wechseln der Beinstellung) und die „Augensprache" (z.B. häufiges Wegschauen). Schließlich wird der „Eindringling" auch durch Ersatzhandlungen (z.B. Blick auf die Uhr) oder durch plötzliche Unruhe des anderen gewarnt.

> **Hinweis:**
> Die richtige Distanz ist nicht nur eine Frage des guten Kommunikationsverhaltens, sondern auch ein Aspekt der **Eigensicherung**.

8.1.4 Einfühlsamkeit

Einfühlsames Verstehen ist eine wichtige Voraussetzung für einen guten Sicherheitsdienst. Ohne die Befähigung, sich in Andere hineinzuversetzen, dürfte es kaum möglich sein, konfliktbeladene Situationen zu deeskalieren, Konflikte zu bewältigen oder helfend einzugreifen.

Die Fähigkeit, sich auf die Gefühle Anderer einzustellen, wird in der Fachliteratur als Empathie bezeichnet. Die Formulierung „Ich verstehe dich (Sie)!" bezeichnet diesen Vorgang. Jeder aber, der diese Worte als Floskel oder „Worthülse" empfindet, zweifelt automatisch am Wahrheitswert. Für seine Glaubwürdigkeit muss der Mitarbeiter des Sicherheitsdienstes die folgenden Einzelschritte im Komplex beherrschen: non-verbale Signale deuten, Stimmung(en) des Gegenübers nachempfinden und auf die Gefühlslage des Anderen angemessen reagieren. Das erfordert:

a) Empathiefähigkeit (Situation und innere Verfassung des Anderen ergründen können),
b) Perspektivwechsel („Blickwinkel" des Anderen nachvollziehen können),
c) Verständigungsbereitschaft (zuhören, Widerspruch ertragen, Argumente aufnehmen können).

Präzise Wahrnehmung und Einfühlungsvermögen versetzen das Sicherheitspersonal in die Lage, **Gefahrensituationen** zu erkennen. So können Körperaktionen (z.B. jähes Erröten oder Erblassen), Veränderungen der Mimik (z.B. Zornesfalten über der Nase) und Haltungsänderungen (z.B. Anspannen der Muskulatur) auf mögliche Wutreaktionen, bevorstehende Angriffe usw. hindeuten.

Im „alltäglichen" Dienstablauf hat das Sicherheitspersonal dafür zu sorgen, dass einschlägige Regeln bzw. Normen (z.B. das Hausrecht) eingehalten werden. Bei darauf gerichteten Handlungen besteht die Gefahr, dass die Situation eskaliert. Die Ursachen dafür können vielfältig sein: Vorurteile/Vorbehalte in Bezug auf das Gegenüber, ungeschickte sprachliche Einflussnahme (Formulierungen, Tonart), aggressives Verhalten des Gegenübers („Ihr habt mir gar nichts zu sagen."), die Sorge, das „Gesicht zu verlieren" (auf beiden Seiten), Uneinsichtigkeit oder Versuche, den Sachverhalt abzuwiegeln („Ist doch nicht so schlimm.") oder abstreiten („Das war ich nicht."), Einmischung Dritter, ggf. Aufbau von „Fronten" u.a.

Eine gewisse Brisanz der Lage entsteht, wenn sich die Gegenüber uneinsichtig zeigen oder „passiven Widerstand" leisten. Das Ziel eines solchen Verhaltens besteht häufig darin zu testen, „wie weit man gehen kann" (Provokation), ohne aber einen Anlass für massivere Eingriffe der Sicherheitskräfte zu bieten. In derartigen Situationen ist es empfehlenswert,

- möglichst unauffällig tief durchzuatmen (führt dem Körper Sauerstoff zu, hilft, den Adrenalinspiegel zu senken; gibt Gelegenheit, sich die richtigen Worte zu überlegen),
- dem Gegenüber fest ins Gesicht zu schauen (der Blick muss vom Anderen als „forderndes Signal" wahrgenommen werden),

- Bestimmtheit auszudrücken, z. B. „Bleiben Sie bitte stehen!“ (notfalls das BITTE besonders betonen).

8.2 Selbstwertgefühl

8.2.1 Selbstsicherheit und Selbstvertrauen

Selbstwertgefühl erwächst aus der Bewertung der eigenen Person und wurzelt innerhalb, aber auch außerhalb des Menschen. Geld und Besitz können es heben, ebenso körperliche oder geistige Leistungsfähigkeit. Auch die „Rolle“, die jemand im Leben spielt, kann – sofern sie den Erwartungen desjenigen entspricht – das Selbstwertgefühl befördern. Wichtige „Bausteine“ des (positiven) Selbstwertgefühls sind
- die Übereinstimmung des Handelns mit dem eigenen Gewissen,
- eine günstige Umweltreaktion auf das eigene Selbstbild,
- die Wertschätzung der eigenen Person (durch sich selbst und andere),
- die Anerkennung der eigenen Leistung und
- (nicht zu unterschätzen) die Wirkung auf das andere Geschlecht (erotische Ausstrahlung usw.).

Beachte:
Alles, was der Mensch unternimmt, tut er letztlich dafür, sein Selbstwertgefühl zu verbessern. Sämtliche Aktivitäten, die das Selbstwertgefühl eines Anderen schmälern, fordern dessen Verteidigungsverhalten heraus.

Nur eine positive Bewertung der eigenen Person führt zu **Selbstvertrauen** und **Selbstsicherheit**. Menschen, die sich selbst vertrauen, entwickeln zugleich Sicherheit im Handeln. Dies äußert sich wiederum in angemessenem Verhalten und einer dementsprechenden Körpersprache.

Selbstvertrauen und Selbstsicherheit zeigen sich weder in Selbstherrlichkeit oder Überheblichkeit noch in lautstarkem Auftreten. Vielmehr sind selbstbewusste Sicherheitskräfte
- anderen Menschen gegenüber freundlich, respektvoll und hilfsbereit,
- um Kommunikation und eine positive Haltung bemüht,
- sich ihrer Fähigkeiten, aber auch Grenzen bewusst,
- weder arrogant noch aggressiv,
- niemals überempfindlich oder kleinmütig.

8.2.2 Überwertigkeits- und Minderwertigkeitsgefühle

Minderwertigkeitsgefühle entstehen oft aufgrund persönlicher Misserfolge. Um Letztere zu vermeiden, ist es wichtig, seine Möglichkeiten und Grenzen zu kennen, sich realistische (erreichbare) Ziele zu setzen und beabsichtigte Erfolgserlebnisse nicht durch überzogene Erwartungen an das „Umfeld" zu gefährden.

Ein Mangel an Selbstwertgefühl, unzureichende Erfahrungen, ungenügende Fachkenntnisse, Handlungsangst u. a. m. verursachen unsicheres Auftreten und vertiefen das vorhandene Minderwertigkeitsgefühl. Dauerhafte Zweifel am eigenen Wert können – abhängig von der Person – sogar einen **Minderwertigkeitskomplex** hervorrufen.

Manche versuchen, (vermeintliche) Selbstwertdefizite auszugleichen (zu kompensieren), indem sie sich auf bestimmten Gebieten „hervortun". Nicht selten kommt es dabei zu einer „Überkompensation", d. h. vorhandenes Minderwertigkeitsgefühl schlägt in **Geltungssucht** und/oder **Überwertigkeitsgefühle** um. Solche Menschen glauben, mehr Rechte zu besitzen als Andere. Sie achten nur sich selbst, reagieren äußerst empfindlich auf Kritik und sehen in demjenigen, der kritisiert, keinen Helfer, sondern einen Widersacher.

8.2.3 Selbstwertgefühl und angemessenes Handeln

Ohne „gesundes Selbstbewusstsein" ist der Mensch nicht fähig, Konflikte zu bewältigen. Sicherheitspersonal sollte daher beständig an der Entwicklung eines positiven Selbstwertgefühls arbeiten. Dies ist zugleich eine wichtige Voraussetzung für professionelles Konfliktmanagement (s. Kapitel 8.5).

Selbstsicheres Verhalten wird an folgenden Handlungsmustern deutlich:

a) Wenn die Gewissensnormen/Moralvorstellungen des Gegenübers abweichen (anders als die eigenen sind):
Nicht spotten, nicht über den Sinn streiten und nicht versuchen, die Norm zu ändern (außer es gibt **zwingende** Gründe).

> **Beachte:**
> Angriffe auf das „gute Gewissen" sind Attacken gegen das Selbstwertgefühl Anderer und rufen Widerstand hervor.

b) Wenn eine Stärkung des Selbstwertgefühls beim Gegenüber Erfolg versprechend ist:
Selbstbild des Gegenübers bestätigen (wenn möglich), Anerkennung ausdrücken (Lob, Komplimente usw.), nicht primitiv schmeicheln (stört die Kommunikation).

c) Wenn das eigene Selbstwertgefühl angegriffen wird:
Nicht betroffen reagieren (wird als Schwäche ausgelegt), sich den eige-

nen Wert bewusst machen (Sicherheitspersonal leistet einen persönlichen Beitrag, um die gesellschaftliche Nachfrage nach mehr Sicherheit zu befriedigen), nicht aggressiv reagieren (führt zur Eskalation), Grenzen setzen (jeder hat das Recht auf persönliche Würde).

d) Wenn das eigene Selbstwertgefühl verletzt worden ist:
Gefühle steuern (Selbstbeherrschung), nichts erwidern, was später zu bereuen wäre, Situation versachlichen (z.B.: „Mit welchem Recht reden Sie in diesem Ton?!"), keine Beleidigungen schlucken, Drang nach Gewalttätigkeiten unterdrücken.

8.3 Motivation

8.3.1 Motivation und Verhalten

Aus Sicht der Evolution ist das Denk-Hirn des Menschen relativ jung. Andere Steuerzentren haben sich Millionen Jahre früher herausgebildet, sind aber noch heute Bestandteil des menschlichen Nervensystems. Diese werden in der Fachliteratur „Reptilienhirn" genannt.

Der Mensch konnte als Gattung überleben, weil sein Reptilienhirn die wichtige Funktion wahrnahm, umzuschalten auf **Kampf** oder **Flucht**.

Auch in der Gegenwart gibt es eine Form der Arbeitsteilung zwischen dem Denkhirn und den älteren Hirnbereichen. Letztere streben, vereinfacht gesagt, nach zwei grundsätzlichen Zielen:

1. Lust gewinnen (Bedürfnisse des Lebens befriedigen)
2. Unlust verhindern (Gefährdung dieser Bedürfnisbefriedigung abwehren).

Aktivitäten des Denk-Hirns werden untergraben, wenn das Reptilienhirn sein Ziel erreichen will. Beispiele können sein:

- Denkblockaden bei akuter Gefahr für Leib und Leben,
- aggressives Verhalten, wie Faustschläge oder Fußtritte (als Kampfreaktion),
- Rückzug, etwa Blockieren eines Gesprächs, durch eisernes Schweigen (als Fluchtreaktion).

Warum verhält sich ein Mensch so und nicht anders? Diese Frage führt zu den **Motiven** (Beweggründe). Unter **Motivation** verstehen wir die „Verknüpfung von Person und Situation" – also das Verhalten eines bestimmten Menschen in einer speziellen Lage. Meist wird menschliches Verhalten nicht nur von einem einzigen, sondern von vielen Motiven beeinflusst. Es werden zwei Gruppen von Motiven unterschieden:

a) **primäre** (angeborene) **Motive:**
   - **biologisch-physiologische** Motive (zielen auf Selbsterhaltung [z. B. Atmen, Essen, Trinken] und auf Arterhaltung ab),
   - **nicht-physiologische** Motive (zielen auf Anerkennung, Zuneigung usw. ab);

b) **sekundäre** (erworbene) **Motive** (bilden sich im Laufe der Entwicklung eines Menschen heraus – z. B. Drang nach beruflichem Aufstieg).

Der amerikanische Verhaltensforscher Maslow hat grundlegende Motive in eine fünfstufige Bedürfnispyramide eingeordnet. Die unterste Stufe bilden die **physiologischen Bedürfnisse** (z. B. Sicherung der Existenz). Darüber lagern die **Sicherheitsbedürfnisse** (z. B. Geborgenheit, Schutz). Darauf aufbauend rangieren die **sozialen Bedürfnisse** (z. B. Kontakt mit Menschen, Kommunikation). Über diesem steht das **Bedürfnis nach Anerkennung** (z. B. Wertschätzung, Lob). Die Spitze bildet das **Bedürfnis nach Selbsterfüllung** (z. B. Selbstverwirklichung, Streben nach Eigenverantwortung).

Nach Maslow muss erst die niedere Bedürfnisstufe befriedigt sein, bevor der Mensch danach strebt, die nächste Stufe zu erfüllen (wer am Verdursten ist, wird sich weniger Gedanken um seine Sicherheit in der Zukunft machen).

Für die **Praxis** ist zu berücksichtigen, dass von bestimmten Motiven nicht verkürzt auf Verhaltensweisen geschlossen werden darf und umgekehrt.

Beispiele:
Ein Mitarbeiter schmuggelt unberechtigt eine Bohrmaschine aus dem Betrieb. Motive für sein Verhalten könnten sein:
- sich zu bereichern,
- das Gerät für Arbeiten in der eigenen Wohnung (zeitweilig) zu benutzen,
- dem Meister „eins auswischen“ zu wollen u. a.

Ein Mitarbeiter will sich eine Bohrmaschine beschaffen. Sein Verhalten könnte sein:
- eine Bohrmaschine auszuleihen,
- eine Bohrmaschine zu kaufen,
- eine Bohrmaschine zu stehlen u. a.

Vom Motiv ist der Begriff **motivieren** abgeleitet. Er bedeutet, Anreize zu schaffen, um bei einem Anderen Beweggründe für ein bestimmtes Verhalten zu wecken. Für die praktische Arbeit ist es oft nützlicher, wenn der Sicherheitsmitarbeiter bestimmte Ordnungsregeln nicht schlechthin „durchdrückt“, sondern wenn er es versteht, andere für die Einhaltung dieser Regelungen zu motivieren. Sinnvolle Begründungen, d. h. gute Argumente, regen Menschen an, ihre Verhaltensweisen zu ändern. Dieser Zusammenhang ist wesentlich für die Motivation anderer.

Beachte:
Jemanden zu motivieren bedeutet, ihm GUTE GRÜNDE dafür zu geben, sein Verhalten in eine bestimmte Richtung zu lenken.

8.3.2 Fehler im Umgang mit Menschen

Eine markante Fehlerquelle im Umgang mit Menschen sind Vorurteile. Unter **Vorurteil** versteht man gewöhnlich die Übernahme anderer Meinungen, ohne ausreichende eigene Erfahrungen über Personen, Sachverhalte usw. zu besitzen. Vorurteile sind dadurch gekennzeichnet, dass sie eine meist negative Einstellung bewirken, sich nicht auf sachliche Begründungen stützen, vielfach mit Feindseligkeit verbunden und relativ dauerhaft sind.

Trotz ihrer negativen Wirkung ist es kaum möglich, ohne Vorurteile zu leben. Sie werden benutzt, um soziale Anerkennung zu erlangen oder sie jemandem zu zollen (z. B.: „Er ist einer von uns."). Auch dienen sie der Orientierung („Sie ist genau wie …").

Vorurteile können durch unzulässige Verallgemeinerung, Überlieferung, Hass und Neid, aber auch durch Propaganda und Erziehung entstehen.

Vorurteile führen oft zu Fehlurteilen. Dementsprechend beeinflussen sie das Verhalten, z. B.
- werden Fehleinschätzungen über andere Personen getroffen,
- wird der „falsche Ton" benutzt,
- werden nicht haltbare Beschuldigungen geäußert u. a.

Beachte:
Vorurteile halten sich sehr hartnäckig und sind deshalb schwer korrigierbar – selbst dann, wenn zusätzliche Informationen dem Vorurteil entgegenstehen.

Weitere Fehlerquellen für den Umgang mit Menschen sind:
- Uneinsichtigkeit (Vorschriften werden nicht eingehalten oder erst gar nicht akzeptiert),
- Unwissenheit (etwa, wenn das Sicherheitspersonal seine Befugnisse und Handlungsgrenzen nicht kennt oder der andere nichts über die betrieblichen Vorschriften/Festlegungen weiß),
- Unvermögen, sich auf die Situation einzustellen (z. B. ein Mitarbeiter tritt forsch auf, obwohl es geschickter wäre, sich diplomatisch zu verhalten),
- fehlende Informationen (z. B. wenn eine Sicherheitskraft nicht weiß, wie der neue Geschäftsführer aussieht und diesen nicht angemessen behandelt) u. a. m.

Vorurteile können gegen Berufsgruppen, Geschlechter, Institutionen, religiöse oder ethnische Gruppen, aber auch gegen politische Parteien sowie spezielle soziale Gruppen (z.B. Jugend, Senioren) gerichtet sein. Sie erschweren stets die Kommunikation und führen vielfach zu Konflikten.

8.3.3 Spezifika ausgewählter sozialer Gruppen

Junge, dem Kindesalter entwachsene Menschen dürfen – wie andere soziale Gruppen auch – keinesfalls in eine Schublade gesteckt werden. Dennoch gibt es Merkmale, die auf **Jugendliche** übergreifend zutreffen:

- Sie befinden sich in der Pubertätsphase (geschlechtlicher Reifeprozess, der im seelischen Bereich von häufigem Stimmungswechsel und Trotzreaktionen mit teilweise aggressiven Verhalten gekennzeichnet ist).
- Sie haben sich selbst „noch nicht gefunden“ (sie leiden unter dem Mangel an Eigenidentifikation, suchen sich ein Idol, möchten z.B. sein wie ihr Lieblingssänger usw.).
- Ihre Persönlichkeitsbildung ist noch nicht abgeschlossen (daraus können Unsicherheit, Orientierungslosigkeit, Aufsässigkeit u.a.m. entstehen).
- Zugleich besitzen sie ein ausgeprägtes Bedürfnis nach Vollwertigkeit (sie verspüren die eigene Unvollkommenheit und Streben deshalb besonders danach, als „gleichwertige Partner“ der Erwachsenen anerkannt zu werden).
- Jugendliche neigen zur Gruppenbildung. In der Gruppe verspüren sie Rückhalt (fühlen sich stark) und spornen sich gegenseitig an (auch zu negativen Handlungen).
- Ihre Einsicht in die Notwendigkeit von Anordnungen ist relativ gering. Im Bestreben, anders zu sein als „die Alten“, entwickeln sie wenig Bereitschaft, nach deren Regeln zu handeln (bestehende Normen werden nur ungern oder kaum akzeptiert). Dies gipfelt zeitweilig in einer Kettenreaktion: etwas ablehnen – dagegen auflehnen – aufsässig sein.
- Die Frustrationsschwelle ist gewöhnlich niedriger als bei Erwachsenen. Die Frustration von Jugendlichen entlädt sich zuweilen in aggressiven Aktionen und Reaktionen.

Sicherheitspersonal ist gut beraten, im Umgang mit Jugendlichen die o.g. Spezifika zu berücksichtigen. Wer „von oben herab“ operiert oder als Besserwisser auftritt, wird keinen Erfolg erzielen, sondern Konfliktpotenzial schaffen.

Die Gruppe der **Älteren** ist – ähnlich wie die der Jugendlichen – keineswegs aus einem Guss. Aber auch hier gibt es Merkmale, die besonders charakteristisch sind:

- Mit zunehmendem Alter sinkt das (physische und psychische) Leistungsvermögen.
- Die Fähigkeit, schnell zu reagieren, schwindet mehr und mehr.
- Es fällt immer schwerer, sich auf veränderte Situationen einzustellen.
- Das Vermögen, Neues aufzunehmen, wird geringer.

Diese Probleme sind vielen Menschen bewusst. Mancher will sie nicht wahrhaben, spürt aber dennoch, dass er nicht mehr so kann wie früher. Dieses Gespür hat u. U. eine gewisse Unsicherheit zur Folge. Es schlägt sich aber auch in problematischen Verhaltensweisen nieder oder führt zur Herausbildung charakterlicher Schwächen. Beispiele dafür können sein: Starrköpfigkeit, Unverträglichkeit, Rechthaberei/Besserwisserei, Engstirnigkeit oder Nörgelei.

In dieser Situation begehen jüngere Menschen relativ oft den Fehler, die Älteren zu verurteilen, zu meiden, ja sogar sie auszugrenzen. Richtig ist dagegen, höflich und respektvoll zu handeln, Taktgefühl zu entwickeln und notwendige Kritik keinesfalls verletzend zu formulieren.

Im Laufe der Geschichte haben sich die Auffassungen zum Verhältnis der **Geschlechter** sehr verändert. So sind z. B. in Arbeitsgebieten, die früher klare Domänen der Männer waren, heute Frauen erfolgreich tätig.

Die Wesensart von Mann und Frau wird ohne Zweifel durch die gesellschaftlichen Verhältnisse beeinflusst. Dennoch bleibt auch die ursprüngliche Anlage, die dem jeweiligen Geschlecht entspricht, bedeutsam.

Im Ergebnis dieser „Funktionsteilung“ haben für die Frau die Gefühle einen besonderen Stellenwert. Oft begegnen wir bei „ihr“ einer größeren Sensibilität und Feinfühligkeit als bei „ihm“. Der Mann dagegen strebt eher nach einer logischbegrifflichen Durchdringung der Welt. Ihn interessieren Sachverhalte. Er ist sich seiner Gefühle nicht so sicher wie die Frau und versucht sogar, seine Gefühlswelt zu begreifen, zu erklären und zu begründen.

Überhaupt spielen wir häufig jene Rolle, die uns von der Gesellschaft zugedacht wurde. Von Kindesbeinen an werden wir dementsprechend geprägt. Der kleine Kerl, der sich verletzt hat, wird vom Vater auch heute noch teilweise aufgefordert, die Tränen zu unterdrücken, weil „ein Junge nicht weint“. Das Mädchen, das mit Burschen ihres Alters Bäume erklimmt, wird belehrt, dass sich dies für sie nicht „schickt“.

Die unterschiedliche „Prägung“ der Geschlechter birgt die Gefahr von Störungen im Kommunikationsprozess. Diesem Problem kann begegnet werden, wenn man versucht, sich in die „Sichtweise“ des anderen Geschlechtes hineinzuversetzen. Wichtig sind deshalb vor allem Feingefühl,

Korrektheit, Freundlichkeit und Offenheit, aber auch das Einhalten des notwendigen Abstandes.

Eine wichtige Voraussetzung für erfolgreiche Kommunikation mit **Ausländern** besteht darin, sich das Sprichwort „andere Länder, andere Sitten" bewusst zu machen.

Aus der Vielzahl ethnischer Besonderheiten leiten sich eine Reihe differenzierter Vorstellungen und Ansichten über Weltbild, Lebensweise, Kultur, Werte, Normen u. a. ab. Ausgewählte Beispiele sollen das verdeutlichen:
- Ausländer verfügen oft über ein großes Maß an Freiheitsliebe; die Übernahme unseres Verständnisses von Disziplin fällt ihnen nicht leicht.
- Unter vielen Völkern des Südens und des Ostens ist zugleich eine starke Autoritätsgläubigkeit anzutreffen (was das jeweilige „Oberhaupt" sagt, ist Gesetz).
- Teilweise scheint ihr Stolz so stark ausgeprägt zu sein, dass bereits Ungeschicklichkeiten im Verhalten als Ehrverletzung verstanden werden können; Derartiges kann von ihnen (im Gegensatz zu uns) nur schwer hingenommen werden und führt zu spontanen Reaktionen.
- Ausländern ist vielfach ein starker Familiensinn eigen; häufig leben sie in der Großfamilie.
- In manchen Ländern herrscht „absolutes" Patriarchat, der Mann ist – zumindest nach außen – die dominierende Persönlichkeit; unsere Auffassung von der Gleichberechtigung der Geschlechter ist diesen Menschen fremd.
- Unter vielen Völkern ist die Gastfreundschaft weitaus stärker ausgeprägt als in unseren Breiten; die Bereitschaft, auch das Wenige zu teilen, das Bemühen, selbst unter primitiven Bedingungen das Beste zu bieten, herrschen vor u. a. m.

Im Umgang mit Bürgern anderer Länder ist es wichtig, möglichst **gut verständliches** Hochdeutsch zu sprechen (keinesfalls „Babysprache"). Mimik und Gestik können die Verständigung erleichtern. Der Gebrauch internationaler Fremdwörter und, wenn erforderlich, Wiederholungen der bereits geäußerten Worte, unterstützen den Kommunikationsvorgang. Vorurteilsfreies, unvoreingenommenes Verhalten, Korrektheit, Respekt vor der „Andersartigkeit", Freundlichkeit und Hilfsbereitschaft sollten selbstverständlich sein.

8.3.4 Spezielle soziale Gefährdungslagen

Wer starke Motive hat, entscheidet sich u.U. für Verhaltensweisen, die von den allgemeinen Normen deutlich abweichen (z.B. Raubüberfall). Damit können erhebliche Gefährdungen des Sicherheitspersonals einhergehen.

Drogenabhängigkeit ist weit gefächert. Auch der Alkoholgenuss kann zur Abhängigkeit führen. Im Folgenden soll jedoch vorrangig auf die Abhängigkeit von sog. Suchtmitteln eingegangen werden.

Die Palette von Rauschgiften ist vielfältig. Da gibt es Haschisch, das gewöhnlich pulverförmig (meist gepresst) in den Tabak gemischt wird, Marihuana-Blätter, die zerrieben ebenfalls mit Tabak vermischt werden, oder Kokain, das feine weiße Pulver, das hauptsächlich geschnupft wird. Auch synthetische Drogen wie LSD (Lysergid) sind gebräuchlich. Es ist in verschiedenen Varianten im Umlauf: Dragees, Pillen, Kapseln, aufgetropft auf Löschpapier oder Abziehbildern u.a.

Die physischen und psychischen Auswirkungen der Drogenabhängigkeit sind im Allgemeinen:
- Organschäden (Leber, Nieren, auch Hirnschädigungen),
- Gewichtsverlust und auffällige Blässe,
- höhere Anfälligkeit für Krankheiten,
- soziale Probleme (Arbeitsverlust, Zerstörung der Familie, sozialer Abstieg),
- Verlust von Interesse, zunehmende Gleichgültigkeit u.a.

Amphetamin-Derivate, z.B. Ecstasy, weisen einen Teil der o.g. Auswirkungen primär nicht auf. Ungeachtet dessen kann deren Einnahme zu schweren Schäden am Hirn oder an anderen Organen – bis hin zum Tod – führen.

Das gegenwärtig stark verbreitete Chrystal Meth gilt als preisgünstiges AufputschmitteL Es wird sowohl geschnupft und eingeworfen als auch (aufgelöst) gespritzt. Die von ihm ausgehende stimulierende Wirkung erkaufen sich die Konsumenten oft mit schweren gesundheitlichen Schäden. Außerdem macht die Droge in einem rasanten Tempo abhängig. In einigen Regionen ist daher zugleich eine Zunahme der (indirekten) Beschaffungskriminalität festgestellt worden.

Eine besondere Gruppe unter den Rauschgiftkonsumenten sind die Heroinabhängigen. Sie können anhand der mitgeführten Gegenstände identifiziert werden. Dazu gehören: Faltbriefchen mit Heroin (überwiegend als Pulver, meist weiß), Feuerzeug oder Streichhölzer, ggf. Kerze, Schnur o.Ä. zum Abbinden, Löffel oder entsprechend zugerichtete Getränkedose, Injektionsspritze.

Heroinabhängige erkennt man auch an äußerlichen Merkmalen: nachlässige Kleidung, ungepflegtes Erscheinungsbild, langärmelige Oberbekleidung auch bei Hitze, Einstichstellen an Armbeugen, Händen, Füßen u. a., ungesundes Aussehen, Blässe, verfärbte Haut, hagere Gestalt, häufig Untergewicht.

Um ihre Sucht befriedigen zu können, müssen viele Heroinabhängige monatlich zwischen 3.000 € und 5.000 € aufbringen, teilweise sogar mehr. Dies hat häufig kriminelle Folgen. Im Wege der **direkten Beschaffung** werden Drogen hergestellt, gehandelt, gestohlen oder durch Betrug und Urkundenfälschung herangeschafft. Mit **indirekter Beschaffung** soll Geld für den Erwerb von Heroin erlangt werden. Die Spanne der Aktivitäten reicht vom Diebstahl über Raub, Erpressung u. a. Straftaten bis zur aggressiven Bettelei und Prostitution. Nicht selten hat Heroinabhängigkeit auch Sachbeschädigung und Gewaltdelikte zur Folge.

Das Verhalten von Heroinabhängigen kann – neben jenen Verhaltensphasen, die vergleichsweise „normal" wirken – in zwei bedeutsame Phasen unterteilt werden:

a) Während der Einwirkungszeit von Drogen ist der Betroffene apathisch, blickt häufig ins Leere, hat verengte Pupillen, wirkt schläfrig und ist kaum ansprechbar.
b) Befindet sich der Abhängige auf Entzug, plagen ihn nicht selten Schüttelfrost, Schweißausbrüche oder Muskelkrämpfe. Er wirkt nervös und ist leicht reizbar, bis hin zur Aggressivität.

Versuche, kommunikativ auf Heroinabhängige einzuwirken, sind nur sinnvoll, wenn die betreffende Person psychisch (noch) ansprechbar ist. Für den Umgang mit Heroinabhängigen – etwa zur Durchsetzung der Hausordnung – ist es wichtig, niemals zu vergessen, dass es sich um Menschen (!) handelt. Zugleich ist konsequentes Vorgehen erforderlich.

Im Umgang mit Suchtmittelabhängigen sind folgende Handlungsmuster empfehlenswert:

a) Kontaktaufnahme (höflich ansprechen, keine herabsetzenden oder beleidigenden Äußerungen treffen),
b) Auffordern (Sachverhalte **direkt** formulieren, Bestimmtheit ausdrücken – Haltung, Mimik, Gestik und Stimme sollten die Forderung bekräftigen),
c) Erwiderungen der Abhängigen zur Kenntnis nehmen (wenn sinnvoll, darauf eingehen), sich nicht in Diskussionen verwickeln lassen (diese Zeit wird ggf. benutzt, um den „Schuss zu drücken"), nicht überreden lassen („Wir gehen ja gleich." „Nur noch fünf Minuten." usw.),

d) Kontrolldruck ausüben (am Platz verweilen, bis das geforderte Verhalten realisiert ist (**nicht:** „Wir gehen noch eine Runde, dann seid ihr verschwunden."), Forderungen wiederholen/bekräftigen, verbale Aktivitäten ggf. durch weitere Maßnahmen verstärken (Konsequenzen aufzeigen, Zwang androhen u. a.),
e) Verhältnismäßigkeit (Vorsicht bei der Anwendung körperlicher Gewalt (Verletzung des Abhängigen während der Injektion – z. B. durch Abbrechen der Nadel – kann unverhältnismäßig sein),
f) Eigensicherung (gegen Griffe in Injektionsnadeln vorsorgen, Gefahr von Stichen kalkulieren, keine unbedachten Maßnahmen ergreifen; ein Heroinabhängiger „auf Entzug", dem die mühsam beschaffte Tagesration weggenommen/vernichtet wird, kann unberechenbar sein).

Gegenüber **psychisch auffälligen Personen** geht es zunächst – wie gegenüber jedem Gesprächspartner – darum, sich in den anderen hineinzuversetzen, aktiv zuzuhören und Vertrauen zu schaffen. Besondere Bedeutung besitzen die non-verbalen Signale. Das Verhalten muss „echt" wirken. Geheuchelte Freundlichkeit erzeugt Misstrauen, Angst oder gar Aggressivität.

Da Dienstkleidung einschüchternd auf psychisch Auffällige wirken kann, muss strikt darauf geachtet werden, dass die Verhaltensweisen der Sicherheitskraft keinesfalls bedrohlich erscheinen.

Menschen, die dem **Alkohol** zugesprochen haben, sind – je nach persönlicher Konstitution – in ihrer Leistungsfähigkeit beeinträchtigt. Das betrifft vor allem:

- Die Wahrnehmung (Sehschärfe nimmt ab, Gesichtsfeld wird enger – Röhrenblick, Hell-Dunkel-Anpassung der Pupille ist gemindert, wodurch erhöhte Blendempfindlichkeit besteht),
- die Motorik – Abstimmung der Bewegungen – (gestörtes Gleichgewicht, verlangsamte/gehemmte Körperreaktionen, beeinträchtigte Körperbewegungen – z. B. unsicherer Gang, gestörte Sprechfähigkeit),
- die Intelligenz und das Gedächtnis (abnehmende Konzentrationsfähigkeit, geschwächte Auffassungsgabe, eingeschränkte Denkfähigkeit, gemindertes Orientierungsvermögen, veränderter Bewusstseinszustand, nachlassende Merkfähigkeit/Erinnerungslücken),
- die Stimmung (teilweise spontane Gefühlswechsel und Stimmungsschwankungen, Hemmungen werden abgebaut, Risikobereitschaft und Leichtsinn wachsen, die Fähigkeit, kritisch zu urteilen, nimmt ab, es besteht ein großes Mitteilungsbedürfnis/Rededrang).

Angetrunkene sollten „ernst genommen" und nie „belächelt" werden. Grundsätzlich sollte ihnen freundlich, humorvoll und geduldig, aber konsequent begegnet werden. Allerdings ist die geringere Aggressionsschwelle Betrunkener zu beachten. Außerdem müssen hilflose Personen in sichere Obhut gebracht werden.

8.4 Kommunikation

8.4.1 Ebenen des Kommunikationsprozesses

Das Wort **Kommunikation** kann mit „Verständigung zwischen den Menschen" übersetzt werden. Der Psychologe Paul Watzlawick hat – gestützt auf Erkenntnisse des Wissenschaftlers Gregory Bateson – dargelegt, dass der Kommunikationsprozess maßgeblich von zwei Ebenen beeinflusst wird: der Sachebene und der Beziehungsebene (auch Gefühlsebene).

Auf der **Sachebene** werden die sachlich-inhaltlichen Probleme angesprochen. Es geht um Worte, Daten, Fakten, Informationen u. ä. Inhalte, die in unserem Denk-Hirn verarbeitet werden.

Die **Beziehungsebene** ist emotional bestimmt, d. h., sie wird von der Gefühlswelt beherrscht. Auf dieser Ebene fließen Gefühle, Empfindungen, Beziehungen und Stimmungen zusammen. Sie wird vom Reptilienhirn beeinflusst. Auch die Hormonausschüttung des Körpers wirkt auf sie ein. Körpersprache (Gestik, Mimik, Haltung) und Tonfall beeinflussen den Beziehungsbereich wesentlich.

Für den Umgang mit Menschen ist die Einsicht wichtig, dass
- Sachprobleme nur auf der Sachebene lösbar sind und
- Beziehungsprobleme nur auf der Beziehungsebene geklärt werden können.

Im Hinblick auf die Handhabung von Konflikten (s. Kapitel 8.5) muss beachtet werden, dass die Sachebene häufig ausgeschaltet wird, weil die vernunftmäßige Beurteilung des Geschehens stark in den Hintergrund tritt. Sind Konfliktparteien vorrangig emotional gesteuert, eskaliert der Konflikt und Lösungsmöglichkeiten rücken in weite Ferne. Daher ist gutes Beziehungsmanagement zugleich Bestandteil professionellen Konfliktmanagements.

Wenn zwei Menschen miteinander kommunizieren, werden Botschaften übermittelt. Dies geschieht keineswegs allein durch Worte. Die Redewendung „Keine Antwort ist auch eine Antwort" beschreibt diesen Sachverhalt recht einprägsam.

Der Kommunikationsfachmann Friedemann Schulz von Thun hat diese Zusammenhänge untersucht und anschaulich gegliedert. Jede Nachricht, die übermittelt wird, hat ihm zufolge vier Seiten: Sachinhalt, Appell, Beziehungen und Selbstoffenbarung.

1. **Sachinhalt** (es findet eine Information über etwas statt – so ist die Sache/Angelegenheit),
2. **Appell** (der Empfänger dieser Nachricht wird nicht nur informiert, sondern zugleich wird an ihn appelliert – ich möchte dich zu etwas veranlassen/unternimm etwas); dies kann offen oder verdeckt erfolgen,
3. **Beziehung** (der Absender einer Nachricht drückt aus, welches Bild er vom Empfänger hat – das halte ich von dir, so stehen wir zueinander),
4. **Selbstoffenbarung** (der Absender einer Nachricht sendet zugleich [gewollt oder ungewollt] eine „ICH-Botschaft" – das verstehe/halte ich von der Sache).

Der Empfänger einer Nachricht kann prinzipiell frei wählen, auf welche Seite der Nachricht er reagieren möchte. Wie die Nachricht vier Seiten hat, besitzt der Empfänger „vier Ohren":

1. **Sach-Ohr** (mit ihm kann der Kommunikationspartner die sachliche Information empfangen – wie ist der Sachverhalt zu verstehen?),
2. **Appell-Ohr** (mit ihm wird der Appell empfangen – was soll ich denken/fühlen/tun?),
3. **Beziehungs-Ohr** (mit ihm wird die Botschaft über das Verhältnis beider Gesprächspartner empfangen – wen glaubt er vor sich zu haben, wie redet er mit mir?),
4. **Partner-Diagnose-Ohr** (mit ihm wird der Gesprächspartner „durchleuchtet" – was ist das für einer, was ist los mit ihm?).

Für eine erfolgreiche Kommunikation sind folgende Aspekte wichtig:

- Der Sender einer Nachricht muss den Sachinhalt klar formulieren.
- Formulierungen, die Missverständnisse auslösen könnten, sollten nicht verwendet werden.
- Wer nicht missverstanden werden will, muss darauf achten, dass die verschiedenen Botschaften einander nicht widersprechen (z. B. Sachinhalt und Appell in Übereinstimmung bringen).
- Der Empfänger einer Nachricht muss darauf bedacht sein, Fehler bei der Aufnahme zu vermeiden.
- Er sollte möglichst mit allen vier „Ohren" empfangen.
- Überbewertungen einer Seite der Nachricht können ihre Ursache im Empfänger haben (Sprichwort: „Er hört das Gras wachsen").

8.4.2 Ansprechen von Personen/Gesprächsführung

In Standardsituationen ist es vorteilhaft, das Gegenüber zu grüßen. Ein guter Eindruck entsteht, wenn folgende Grundregeln beachtet werden:

1. **Lächeln** (freundlich blicken, ohne zu übertreiben; auffälliges Lachen oder hintergründiges Grinsen könnte missverstanden werden),
2. **Ins Gesicht schauen** (nicht nur in die Augen, sondern das gesamte Gesicht erfassen – unaufdringlich und ohne den anderen anzustarren),
3. **Freude zeigen** (sowohl mit dem Lachen als auch mit den Worten – z. B.: „Ich freue mich, dass Sie mir Ihr Vertrauen schenken."),
4. **Anliegen erfragen** (bestimmte Standardredewendungen z. B. „Was kann ich für Sie tun?" oder „Kann ich Ihnen behilflich sein?").

Unsicherheiten bestehen häufig im Hinblick auf den Händedruck. Grundsätzlich sollte die Sicherheitskraft ihre Hand nicht als erste zum Gruß bieten (Ausnahme: Personen, zu denen ein sehr vertrautes Verhältnis besteht). Bietet der andere die Hand zum Gruß an, wäre es unhöflich, dies nicht zu erwidern. In diesem Fall ist Folgendes wichtig:
- Der Händedruck soll etwa drei Sekunden andauern (also nicht zu hastig und nicht übertrieben langfristig).
- Die Hände müssen trocken sein (schwitzige Hände hinterlassen ein unangenehmes Gefühl).
- Der Griff soll fest sein, aber nicht wie im „Schraubstock" wirken (bei einem übermäßig festen Griff fühlt sich der andere unangenehm berührt, vielleicht sogar „bedroht").

Damit ein **Gespräch** einen guten Eindruck hinterlässt, sollten folgende Grundsätze berücksichtigt werden:

a) **Ausdrucksvoll sein**
Ausdrücke kann man durch Mimik, Gestik oder Körperhaltung zeigen. Es ist wichtig, die eigenen Gefühle im Gesicht oder in der Körpersprache widerzuspiegeln. Wer einem anderen zuhört, ohne die Miene zu verziehen oder ohne eine Regung zu zeigen, ist ein schlechter Gesprächspartner.

b) **Blickkontakt halten**
Blickkontakt vermittelt den Eindruck, dass man sich auf den Gesprächspartner konzentriert. Wer während einer Unterhaltung nur immer seine Fußspitzen mustert, zum Fenster hinausschaut oder in der Tasche kramt, stört durch sein Verhalten das Gespräch.
Blickkontakt darf jedoch nicht mit Anstarren verwechselt werden, da dies aggressiv oder belästigend wirkt.

c) **Interesse zeigen**
Ein interessierter Gesprächspartner zeichnet sich dadurch aus, dass er aufmerksam zuhört, sich dem anderen zuwendet, seine Zustimmung äußert (durch Nicken oder Bejahen) und Rückfragen stellt. Die besten Partner im Gespräch sind die Menschen, die mit dem anderen einen Dialog führen.

d) **Wärme vermitteln**
Wärme kann man sowohl mithilfe der eigenen Stimme (z. B. durch Verändern der Tonlage) als auch durch die Körperhaltung (z. B. durch Zuwenden, Zuneigen) ausstrahlen. Wärme sollte besonders dann vermittelt werden, wenn der Gesprächspartner verängstigt, eingeschüchtert oder betroffen ist.

e) **Mit lebendiger Stimme sprechen**
Wer sich am Telefon häufig mit Anrufbeantwortern „unterhalten" muss, kann nachvollziehen, wie wichtig eine lebendige Stimme ist. Ein Mensch, der mit der monotonen Stimme eines Roboters spricht, ist kein akzeptabler Gesprächspartner.

f) **Gesprächspartner aussprechen lassen**
Manche Menschen glauben, sie helfen dem Gesprächspartner, wenn sie ihm ständig sagen: „Ich weiß schon, was Sie meinen." usw. In Wirklichkeit wird das Gespräch jedoch erheblich gestört, wenn man dem Gegenüber ständig ins Wort fällt.

g) **Fragen stellen**
Ist es nötig, ein längeres Gespräch zu gestalten oder kommt es darauf an, den anderen besonders spüren zu lassen, dass man an ihm interessiert ist, so sind Fragen ein wichtiges Hilfsmittel. Indem man fragt, zeigt man Anteilnahme. Außerdem trägt das Fragen dazu bei, Klarheit über Sachverhalte zu erlangen, die ungenau beschrieben wurden. Allerdings ist Vorsicht geboten: Wer zu viel fragt oder gar indiskrete Fragen stellt, verärgert den Gesprächspartner.

Auch sollten keine **geschlossenen** Fragen gestellt werden (Fragen, die nur mit „ja" oder „nein" zu beantworten sind). **Offene** Fragen hingegen regen den Gesprächspartner an, Zusammenhänge darzustellen (sogenannte „W-Fragen", z. B. „Warum hat …?").

Die o. g. Grundregeln und Grundsätze sind auch für Mitarbeitergespräche wichtig.

> **Hinweis:**
> In der Sachkundeprüfung können auch zum Thema Mitarbeitergespräche Fragen gestellt werden.

8.4.3 Mitarbeitergespräche

Mitarbeitergespräche dienen unterschiedlichen Zielstellungen. Sie können u. a. darauf gerichtet sein, sich ein Bild von der jeweiligen Persönlichkeit zu machen. Hierzu werden Fragen nach der Eignung, Qualifikation, Zufriedenheit, den Entwicklungszielen, Problemen der Tätigkeit u. a. m. gestellt.

Hauptsächlich dienen Mitarbeitergespräche der Motivation des Personals. Dazu können sowohl Lob als auch Kritik eingesetzt werden.

Für das Gelingen eines Mitarbeitergesprächs sind folgende Schritte/Punkte von Gewicht:
- **Vorbereitung** (möglichst nicht unvorbereitet in das Gespräch gehen, damit das Gesprächsziel erreicht werden kann),
- **Zeitansatz** (es sollte ausreichend Zeit geplant werden, aber unnötige Längen sind zu vermeiden),
- **Gesprächsort** (muss vor allem störungsfrei sein, d.h. keine Telefonate, keine Besucher),
- **Gesprächsablauf** (s. Kapitel 8.4.2),
- **Gesprächsatmosphäre** (möglichst offen und entspannt gestalten),
- **Gesprächsinhalte** (sollten vorher feststehen; wichtige Details schriftlich festhalten/protokollieren),
- **Gesprächsabschluss** (wesentliche Punkte/Ziele/Aufgaben usw. nochmals zusammenfassen; freundliche Beendigung),
- **Rückblick** (das Gespräch nachbereiten – wurde das Ziel erreicht, was ist zu tun?).

8.4.4 Kritik äußern

Derjenige, der Ordnungsregeln durchsetzen muss, steht nicht selten vor der Notwendigkeit, das Verhalten anderer zu kritisieren. **Kritik** wird jedoch kaum als angenehm empfunden und kann Konflikte auslösen. Um Letzteres zu vermeiden, ist es empfehlenswert, folgende Hinweise zu beachten:
- Kritik soll **direkt** sein, darf aber **nicht verletzen**.
- Kritik ist **sachlich** zu üben; gefühlsgeladene Äußerungen führen nicht zum Erfolg.
- Kritik muss mit **Respekt** einhergehen; sie darf **nicht beleidigend** sein.
- Kritik soll **nicht rechthaberisch** geübt werden, sondern **Lösungen** für ein besseres Verhalten **anbieten**.
- Kritik darf nicht lehrerhaft wirken, sie soll ein Gefühl der **Unterstützung** vermitteln.
- Kritik muss dem anderen die Möglichkeit bieten, sein **Gesicht zu wahren**.
- Kritik soll **positiv formuliert** werden; Wörter und Sätze, die der andere als Zurechtweisung empfindet, sind untauglich.

Wer einen Menschen kritisiert, muss sich darüber im Klaren sein, dass derjenige, der in eine Abwehrstellung gedrängt wird, kaum bereit ist, sein Verhalten zu ändern.

Der Wirtschaftspsychologe Heinz Dirks hat diesen Sachverhalt auf eine einprägsame Formel gebracht:

„Niemand ist belehrbar, der sich gleichzeitig angegriffen fühlt."

Sehr sensible Reaktionen sind gewissermaßen vorprogrammiert, wenn Menschen in Gegenwart anderer oder gar „Untergebener" kritisiert werden. Deshalb gilt:

„Kritik sollte möglichst unter Ausschluss der Öffentlichkeit stattfinden."

Außerdem ist zu berücksichtigen, worauf die Kritik zielt. Gewöhnlich geht es darum, Sachverhalte (z. B. fehlerhaftes Handeln) abzuändern. Wer dagegen darauf bedacht ist, den betreffenden Menschen „ins Visier" zu nehmen, muss mit unliebsamen Auseinandersetzungen rechnen. Dies bedeutet:

Kritik soll vor allem sachbezogen und weniger personenbezogen geübt werden.

Schließlich muss dem Betroffenen mitgeteilt werden, was er falsch macht und weshalb er sein Verhalten ändern soll. Das heißt:

Kritik muss sich auf Argumente stützen, die dem anderen einleuchtend erscheinen.

Wichtig ist bei all diesen Empfehlungen das richtige psychologisch-taktische Vorgehen:

a) Nutzen Sie Standardformulierungen der allgemeinen Höflichkeit (z. B.: „Guten Tag." usw.).
b) Versuchen Sie, Verständnis für andere zu entwickeln und Verständnis bei anderen zu erreichen (z. B. „Es tut mir leid, aber...").
c) Erläutern Sie Ihre Handlungen (z. B.: „Wir gehen jetzt gemeinsam zu ... Dort können wir alles in Ruhe klären.").
d) Überhören Sie (wenn möglich) emotional gesteuerte Bemerkungen. Führen Sie zum Sachverhalt des Problems zurück (z. B.: „Wir sollten uns jetzt besser über ... unterhalten.").
e) Benutzen Sie Formulierungen, die auf das Verhindern von Zwang hindeuten (z. B.: „Es wäre besser für Sie, wenn ..., weil anderenfalls ...").

Im Interesse der Konfliktvermeidung kann es auch sinnvoll sein, nachzugeben. Es kommt allerdings darauf an, dennoch dafür zu sorgen, dass die Ordnung erhalten bleibt (z. B.: „Vielleicht haben Sie Recht, aber trotzdem bitte ich Sie ... zu unterlassen.").

8.5 Konfliktmanagement

8.5.1 Konfliktentstehung und -ausweitung

Im täglichen Dienst aufkommende Empfindungen, Situationen und Erscheinungen beinhalten Konfliktpotenzial. Dies kann in den Menschen selbst angesiedelt sein (intrapersonell) oder zwischen Personen bzw. Gruppen entstehen (interpersonell). Letzteres soll im Mittelpunkt der folgenden Betrachtungen stehen.

Wenn gegensätzliche, miteinander unvereinbare Interessen, Motive oder Verhaltenstendenzen aufeinandertreffen, entwickeln sich **Konflikte**. Im Sicherheitsservice sind immer wieder bestimmte Grundtypen von Konflikten anzutreffen. Die Durchsetzung der Hausordnung ist eine Auseinandersetzung um gültige Normen **(Normenkonflikt)**. Obwohl die Normen (Hausordnung) klar gesetzt sind, kann sich die Situation zu einem **Rangkonflikt** ausweiten („Von dir lasse ich mich noch lange nicht belehren.“). Besteht die Sicherheitsfachkraft auf Durchsetzung bestehender Normen, könnte sich ein **Territorialkonflikt** anschließen (Hausverweis). Sind dritte Personen in das Geschehen einbezogen (oder mischen sie sich ein), wäre ein **Beschützerkonflikt** denkbar („Fass ihn nicht an!“). Unabhängig davon, welche Konflikttypen im Vordergrund stehen, spielen bei derartigen Auseinandersetzungen Frustrationen, aber auch Aggressionen eine Rolle.

Frustration kann als enttäuschte Erwartung charakterisiert werden (lat. frustra = vergeblich). Sie entsteht, wenn die Erfüllung eines Wunsches versagt wird oder ein angestrebtes Ziel nicht erreicht werden kann. Ist die Frustration schwach, wird sie meist hingenommen (Frustrationstoleranz). Dagegen führt eine starke Frustration zu bestimmten – situativ und/oder personenbezogen unterschiedlichen – Reaktionen (Entmutigung, verstärktes Bemühen um Erfolg, psychosomatische Beschwerden, Aggressivität).

Da nicht jeder frustrierte Mensch offen erkennen lässt, dass er mit Konfliktpotenzial geladen ist, bedarf es einer aufmerksamen Beobachtung. Folgende **Konfliktsignale** könnten bedeutsam sein:

- **Passivität/Desinteresse** (nichts tun, Forderungen nicht nachkommen, verzögert Folge leisten, betont langsam reagieren u. a.),
- **Distanziertheit** (übertriebene Höflichkeit, ausgeprägtes Betonen korrekter Umgangsformen u. a.),
- **Sturheit** (Unzugänglichkeit, Beharren auf dem eigenen Standpunkt, formelles Verhalten – z. B. Dienst nach Vorschrift u. a.),

- **Feindseligkeit** (herabsetzende Äußerungen, Beleidigungen, Drohungen, z. B. mit Beschwerde u. a.),
- **Widerstand** (offenes Widersprechen, Trotzhandlungen, Aufbauschen von Meinungsverschiedenheiten, Gewaltandrohung u. a.).

Darüber hinaus können auch **Fluchtverhalten** (z. B. Abbrechen des Gesprächs, Kontaktvermeidung) oder **scheinbare Übereinstimmung** (z. B. nach dem Mund reden, „schön tun") entstehende Konflikte signalisieren.

Aggressionen entstehen gewöhnlich dann, wenn die Frustration mit einem starken Wutgefühl gepaart ist. Aggressionen können sich nach innen entladen, in der Fantasie (jemand stellt sich vor, wie er den anderen schlägt) oder durch das Schädigen des eigenen Körpers (sich so auf die Lippe beißen, bis sie schmerzt). Sie können auch nach außen gerichtet sein (Personen beleidigen, verletzen, Sachen beschädigen, zerstören usw.). Wenn der Frustrationsverursacher zu mächtig ist, wird die Aggression u. U. gegen schwache Personen (Sündenböcke) oder gegen Sachen (Ersatzobjekte) gerichtet. Diesen Vorgang nennt man **Aggressionsverschiebung**.

8.5.2 Konfliktfaktor Stress

Stress ist die Reaktion des Körpers auf die unterschiedlichsten Einflüsse. Diese können sein:
- Anstrengung, allgemeine Belastung,
- Ärger, Wut, aber auch Vorurteile,
- Verletzungen der Ehre oder des Körpers, Gewalteinwirkungen,
- Arbeitsdruck, Belastung mit beruflichen Pflichten,
- Umweltreize wie Lärm, Licht u. a.

Die körperliche Reaktion auf Stress ist unspezifisch, d. h. die Stressursachen (Stressoren) wirken nicht in gleicher Weise auf alle Menschen. Was den einen in Stress versetzt, ist für andere völlig bedeutungslos. Verallgemeinernd kann allerdings festgestellt werden, dass Stress in vier Richtungen wirken kann:
1. emotional (z. B. Gereiztheit, Zorn, aber auch Trauer oder sogar Freude),
2. verhaltensbezogen (z. B. Unkonzentriertheit, Unfähigkeit, mit Menschen angemessen umzugehen, fehlerhafte Ausführung von – eigentlich – einfachen Handlungen),
3. physiologisch (z. B. Bluthochdruck, Kopfschmerz, Erkrankungen),
4. kognitiv (z. B. Denkblockaden, Gedächtnisstörungen, Wahrnehmungsverschiebungen, Scheuklappeneffekt).

Diese Auswirkungen sind sehr nachteilig. Besonders problematisch scheinen jedoch die stressbedingten Verhaltensmängel zu sein, da diese meist unverzüglich auffallen und zugleich die Qualität einer Sicherheitsdienstleistung mindern.

Stress darf allerdings nicht als generell schlecht angesehen werden (Disstress). Durch wissenschaftliche Forschungen ist bestätigt worden, dass ein mittleres Erregungsniveau (Eustress) als Voraussetzung für optimales Verhalten wirkt.

Stress kann vielfältige Hintergründe haben. Emotionale Erregung ist eine der häufigsten Ursachen. Mangel an Erfahrung, Wissens- oder Informationsdefizite und Besserwisserei anderer Menschen (Schaulustige, Kollegen, Vorgesetzte) können Stress ebenso verursachen wie Arbeits- und Zeitdruck. Auch die Einbindung in eine hierarchische Struktur und das Gefühl, Weisungen von Führungskräften unterworfen zu sein, wirken stressfördernd.

Eine wesentliche Gruppe von Stressoren liegt in den persönlichen Einstellungen zur Aufgabe und zum Personenkreis, mit dem umzugehen ist. Innere Ablehnung, Vorurteile oder gar Feindbilder begünstigen die Entwicklung von Stress. Dieser Zustand wird verstärkt, wenn sich die „Kundschaft" entsprechend verhält und – z. B. durch provokatives Benehmen – vorhandene Feindbilder nährt.

Schließlich können Frustration, Ängste oder auch Rechtsunsicherheit Stress hervorrufen. Dieser wird meist von der Einflussnahme Dritter gefördert. Die neugierige Frage eines Besuchers, die Anordnung des Einsatzleiters, die Forderung des Abteilungsleiters, aber auch der besserwisserische Vorschlag eines Schaulustigen oder die Einmischung zufälliger Passanten tragen häufig dazu bei, Stresssituationen zu verschärfen.

8.5.3 Stressbewältigung im Dienst

Klarheit im Kopf ist eine grundlegende Voraussetzung, um Stress zu bewältigen. Sicherheitskräfte sind deshalb gut beraten, sich stets ihrer **Kenntnisse** (Wissen) und **Fähigkeiten** (Können) bewusst zu sein. Das dient dem Selbstvertrauen und hilft, innerlich stabil zu bleiben. Darüber hinaus ist zu berücksichtigen, dass jeder Mensch mit Problemen belastet sein kann. Emotionale Reaktionen anderer sollten deshalb nicht in jedem Fall auf sich selbst bezogen werden. Oft ist es hilfreich, einfach zu denken: „Der meint gar nicht mich."

Fritz Hücker, Autor einschlägiger Fachbücher, hat vier Säulen der Selbstbeeinflussung umrissen, mit deren Hilfe Sicherheitsdienst-Mitarbeiter Handlungsstabilität erlangen können:

1. Das Anwenden von Entspannungstechniken, um Stress abzubauen. Das kann u. a. durch bestimmte Varianten der **Autosuggestion** erreicht werden.

   Beispiel:
   „Ich bin ganz ruhig. Ich rege mich nicht auf. Solche Kleinigkeiten bringen mich nicht aus der Fassung."

2. Das Benutzen von **Standardformulierungen**, um eigenen sprachlichen Unsicherheiten entgegenzuwirken.

   Beispiel:
   „Guten Tag."
   „Was kann ich für Sie tun?"
   „Warum sind Sie so erregt?"
   „Wo liegt das Problem?"

3. Das **Bewusstmachen rechtlicher Zusammenhänge**, um die Stabilität des Handelns zu fördern. Kenntnisse über Eingriffsbefugnisse und -grenzen sind für kompetentes Handeln unverzichtbar.

   Beispiel:
   „Der greift mich an. Ich kann von meinem Notwehrrecht Gebrauch machen."

4. Die **Besinnung auf Möglichkeiten der Abwehr** von Angriffen, falls rhetorische Bemühungen scheitern. Dazu gehören – im schlimmsten Fall – Sicherungs- und Selbstverteidigungstechniken ebenso wie Überlegungen zu taktischen Handlungsalternativen oder zum Gebrauch technischer Einrichtungen und Hilfsmittel.

   Beispiel:
   „Der zieht ein Messer – ich muss meinen Schlagstock einsetzen."

> **Hinweis:**
> Für sich allein wirken diese Säulen nur bedingt. Im Verbund aller vier ist es jedoch möglich, ein hohes Maß an Handlungssicherheit zu erlangen.

Situationen, die von der allgemeinen dienstlichen Routine abweichen, bringen größere Belastung und Anspannung mit sich – vor allem in jenen Fällen, in denen eingegriffen werden muss, um eine bestimmte Ordnung wiederherzustellen. Der damit verbundene Druck ist selbst dann groß, wenn der „Eingriff" zunächst ausschließlich sprachlich erfolgt. Bei aller Mühe können handelnde Sicherheitskräfte eine Eskalation der Lage nicht generell ausschließen. Beide Seiten (Sicherheitsmitarbeiter wie Gegenüber) sind im Stress.

Eine wichtige Basis für die wirksame Stressbewältigung liegt in den **sozialen Fähigkeiten** der Sicherheitskräfte (nach Hücker):

a) die **Sichtweise des Gegenübers** nachvollziehen können (sich in ihn hineinversetzen),
b) **Toleranz** üben, d.h. sowohl Widersprüchliches verarbeiten als auch Gefühle und Interessen anderer erkennen und berücksichtigen können,
c) die eigene Rolle akzeptieren und die damit verknüpften **Anforderungen situationsbezogen** erfüllen können,
d) die eigene **Handlungskompetenz** zur Problemlösung einzubringen und fachlich überzeugen können.

Hinweis:
Als Merkhilfe kann das „Anti-Stress-Konzept" **AUGE** dienen:
Atmen (tiefe ruhige Atmung stabilisiert).
Unvernunft verhindern (Gehirn „einschalten").
Gefühle des Gegenübers verstehen, Erregung abbauen.
Eingriffe (auch sprachliche) stets verhältnismäßig vollziehen.

8.5.4 Eskalation und Deeskalation

Typische Verhaltensmuster, die meist zur **Konfliktverschärfung** beitragen, sind **heftige Wortwechsel** (wenn sich zwei anschreien, können sie sich wohl hören, aber nicht verständigen); **gegenseitiges Hochschaukeln** (wenn ein Wort das andere ergibt und sich die Streithähne am Ende vielleicht gar an den Kragen gehen, ist eine Einigung unmöglich); **beleidigende** und **abwertende Äußerungen,** z.B.: „Ist ja klar, die vom Sicherheitsdienst – was kann man da auch anderes erwarten"; **zweideutige Mimik und Gestik** (z.B. überhebliches Herabziehen der Mundwinkel, Aufblasen der Wangen, Abwinken, mit beiden Händen an den Kopf fassen u.a.).

In derartigen Situationen betreten die Konfliktparteien meist eine **Eskalationstreppe**, die Stufe für Stufe zum Zusammenprall führt (nach Hücker):

Einer gewissen **Anfangsspannung** (die sich aus der wahrgenommenen Gegensätzlichkeit ergibt) folgt die **Emotionalisierung** (Frustration, Vorurteile, Pauschalurteile, Stressaspekte, Wut u.a.). Dann wird der Konflikt **personalisiert** („Was erlaubt der sich!?"/„Der spinnt wohl!"/„Dem werd' ich's zeigen!" usw.). Nach der Personalisierung geht es auf die Stufe der **Legitimierung** („Selber schuld!"/„Der hat es nicht anders gewollt!"/„Jetzt muss ich ihm zeigen, wo der Hammer hängt!" u.Ä.). Die nächste Steigerungsform besteht in einer **Radikalisierung** („Wenn du nicht sofort …, dann …!"/„Keinen Zahn im Maul, aber La Paloma pfeifen!" und weitere Beleidigungen, Drohungen oder Schuldzuweisungen). Schließlich gipfelt die Auseinandersetzung in der **Gewaltstufe**, auf der nicht mehr der Anfangsanlass der Meinungsverschiedenheit Gegenstand ist, sondern der durch die Eskalationsstufen hochgeschaukelte Konfliktspiegel". Irrtümlich wird unter **Deeskalation** „zurückstecken" oder „einlenken" verstanden. Das ist nicht richtig, denn es geht darum, eine eskalierende Lage zu beherrschen und die jeweiligen Schutzziele zu erreichen (Eskalation = Steigerung, Zuspitzung; Deeskalation = Verringerung, Abschwächung).

Wer deeskalieren will, muss sich und seine Möglichkeiten zunächst selbst richtig einschätzen:
- Bin ich in der Lage, in dieser Situation durchdacht zu handeln?
- Welche Befugnisse habe ich?
- Besitze ich genügend Kenntnisse, Fähigkeiten und Fertigkeiten, um das Problem zu lösen?

Darüber hinaus müssen die Situation (z.B. örtliche Bedingungen, Umfeld) und die beteiligten Personen eingeschätzt werden. Erst diese umfassende Beurteilung ermöglicht zweckmäßiges Handeln.

Ist das Kräfteverhältnis günstig und die Handlung gerechtfertigt, kann auch **Gewalt** zur Deeskalation eingesetzt werden – allerdings immer als letztes Mittel. Idealerweise sollte versucht werden, die Verhältnisse mit rhetorischen Mitteln zu entspannen. Hierfür gibt es jedoch keine Patentrezepte. Auch gut gemeinte Handlungen können die Lage verschärfen. Eine Situation rhetorisch zu deeskalieren bedeutet, die Lage mithilfe sprachlicher Mittel zu entspannen. **Rhetorische Deeskalation** ist ein sehr komplexes Verfahren, dass sich nicht allein auf sprachliche Fähigkeiten beschränkt. Neben der Beherrschung von Kommunikationstechniken benötigen Sicherheitskräfte gleichermaßen Fachwissen (um inhaltlich überzeugen zu können), soziale Fähigkeiten (um menschlich zu überzeugen) und die Befähigung zum situativ richtigen Vorgehen (um sachlich/argumentativ zu überzeugen).

Um eine Konfliktsituation mit sprachlichen Mitteln erfolgreich bewältigen zu können, sollte man folgende (häufig anzutreffende) **Verhaltensfehler** vermeiden:
- Die eigene Machtposition in den Vordergrund rücken, anstatt die Suche nach einer gemeinsamen Lösung zu betonen.
- Den eigenen Standpunkt mit größter Härte vertreten, anstatt flexibel zu reagieren.
- Die Situation des Konfliktgegners völlig außer Acht lassen, anstatt sich in ihn hineinzuversetzen.
- Die eigenen Absichten verschleiern, anstatt sie offen auszusprechen.

- Negative Gefühle (Ungeduld, Wut u.a.) ohne Rücksichtnahme „herausschreien“, anstatt sie so auszudrücken, dass der Konfliktgegner nicht verletzt wird.
- Notfalls unverhüllte Drohungen äußern, anstatt nach Wegen der Einigung zu suchen.

Fünf grundsätzliche Verhaltensweisen sind für eine deeskalierende Kommunikation empfehlenswert:

1. **Anhören**, was der andere sagt (nur dadurch ist erkennbar, was ihn bewegt und/oder erregt).
2. **Respektieren** der Meinung des anderen (das bedeutet nicht, alles zu akzeptieren, aber jeder hat das Recht auf einen eigenen Standpunkt, den man nicht abwerten oder geringschätzen darf).
3. **Unterbrechungen** unterlassen (wer unterbrochen wird, reagiert gereizt), falls es erforderlich ist, die Selbstachtung zu wahren (etwa bei Beleidigungen) sind Unterbrechungen berechtigt.
4. **Schuldzuweisungen** vermeiden (wird der andere als Verursacher des Streites bezeichnet, ist er nicht zur Einigung bereit).
5. **Engstirnigkeit** und stures Beharren auf der eigenen Position bleiben lassen (wer seinen Standpunkt als den einzig richtigen herausstellt, erschwert die Lösung des Konfliktes).

Im Interesse der Handlungssicherheit sollten sich Sicherheitskräfte ein standardisiertes **3-Schritt-Verfahren** zur rhetorischen Deeskalation antrainieren:

Schritt 1: **Sachlichkeit** gewährleisten:
- Nicht schreien oder brüllen, sondern die eigene Auffassung ruhig darlegen.
- Auf **Argumente** stützen (keine Behauptungen aufstellen, sondern Fakten verwenden).
- Keinesfalls Beschimpfungen äußern oder beleidigend werden.
- Sagen, wenn eigene Gefühle verletzt wurden, aber nicht „Dampf ablassen“.

Schritt 2: **Zugang** schaffen:
- Auf das Problem eingehen, ohne den anderen „ins Abseits“ zu stellen.
- Dafür Schlüsselsätze benutzen, z.B.: „Ich achte Sie als Mensch, doch ...“, „Ich verstehe, was Sie meinen, aber ...“

Schritt 3: **Bezugspunkte** finden (3-Stufen-Taktik):

Stufe 1: Einen Punkt suchen, über den **Einigung** besteht.

Stufe 2: An diesen Bezugspunkt anknüpfen und gemeinsame Auffassungen hervorheben.

Stufe 3: Vom gemeinsamen Bezugspunkt aus an die Problemlösung herantasten.

Die Auseinandersetzung ist leichter beizulegen, wenn zuvor eine Atmosphäre geschaffen wurde, in der der andere einen Rat annehmen kann. Das bedeutet, den anderen als Mensch zu **respektieren,** während des Gesprächs **Blickkontakt** zu halten und mit **verbindlichem Ton** zu sprechen.

Hinweis:
Als Merkhilfe kann das „Deeskalationskonzept" **FRESSE** dienen:
Fragen (Beweggründe herausfinden – Wer fragt, führt!).
Reden (Konfliktlösung sollte möglichst **nur** mit Worten erfolgen).
Einfühlen (Sichtweise des anderen erkennen, Verständnis entwickeln).
Selbstbeherrschung (Stress bewältigen, eigene Erregung bekämpfen).
Sachlichkeit (Anknüpfungspunkte suchen, höflich bleiben).
Einigung (Problemlösung suchen, möglichst **nicht** unterwerfen → beide sollten „Gewinner" sein).

8.6 Gruppenspezifika und Umgang mit Gruppen

8.6.1 Die Gruppe

Der Hamburger Psychologe Peter R. Hofstätter hat folgende Definition von Gruppe formuliert: „Die Gruppe ist eine Anzahl von mindestens zwei Personen (Paar), deren Verhalten sich gegenseitig beeinflusst."

Wenn mehrere Menschen beieinander stehen (am Eingang, vor Geschäften usw.), so muss dies keineswegs eine Gruppe sein. Maßgeblich ist die gegenseitige Beeinflussung. In diesem Sinne existieren – auch wenn eine **Gruppe** nicht gleich der anderen ist – Merkmale, die charakteristisch sind:
- Ein gemeinsames Ziel,
- Kommunikation (nicht nur in Worten, auch stumme Verständigung = nonverbale Kommunikation),
- Rollenverteilung (z. B.: entwickelt sich ein Gruppenmitglied zum „Anführer", ein anderes zur „Stimmungskanone", ein drittes bemüht sich um die Versorgung usw.),
- Zusammengehörigkeitsgefühl oder auch Wir-Gefühl (dies kann zugleich als Barriere gegenüber denen wirken, die nicht zur Gruppe gehören),
- Gruppennormen (Regeln für das Verhalten als Gruppenmitglied).

Für den **Umgang mit Gruppen** können folgende Hinweise hilfreich sein: Das eigene Erscheinungsbild sowie die nicht-sprachlichen Signale sollten gegenüber Gruppen ebenso freundlich und gewinnend gestaltet werden wie gegenüber Einzelpersonen (drohende Posen usw. schüchtern die Gruppe nicht ein, sondern fordern sie eher heraus). Die Anrede sollte in der „Sie-Form“ erfolgen – auch wenn die Gruppenmitglieder relativ jung sind (das „Du“ kann erniedrigend wirken oder auch als „Verbrüderung“ missverstanden werden; das „Sie“ sorgt für etwas Abstand). Der Handelnde sollte Ruhe und Gelassenheit ausstrahlen (hektisches Vorgehen könnte als Unsicherheit gewertet werden, eventuell würde sich die Lage zuspitzen). Das Wir-Gefühl sollte positiv angesprochen werden (vielleicht: „Meine Herren, bitte helfen Sie mir, das Rauchverbot durchzusetzen.“); negative Formulierungen bewirken meist die Gegnerschaft der gesamten Gruppe (etwa: „Ihr seid wohl alle süchtig“). Ist nur ein einzelnes Gruppenmitglied anzusprechen, so sollte es aus der Gemeinschaft herausgelöst werden (in Gegenwart der Gruppe will keiner das Gesicht verlieren, außerhalb der Gruppe wird sich die Person eher einsichtig zeigen). Der Handelnde sollte das Gegenüber möglichst namentlich ansprechen (solange ein Gruppenmitglied anonym bleibt, hat es das Gefühl der Geborgenheit und glaubt, in der Gemeinschaft untertauchen zu können, wodurch es eher zu Provokationen oder gar Aggressivität neigt).

Zur Beeinflussung von Gruppen sollte das Gespräch zunächst mit dem Anführer (ebenfalls getrennt von der Gruppe) erfolgen, um diesem in gewisser Weise Verantwortung zu übertragen (durch aufmerksames Beobachten der Gruppe lässt sich – sowohl anhand sprachlicher als auch nicht sprachlicher Signale – ermitteln, wer der Wortführer ist).

8.6.2 Die Menge

Der Fachautor Foerster versteht unter einer **Menschenmenge** die sehr lockere Zusammengehörigkeit von Personen, die beim Betrachter die Vorstellung eines räumlich verbundenen Ganzen hervorruft. Solche Mengen sind als Ansammlungen (z. B. bei Unfällen), bei Kundgebungen, Demonstrationen, Versammlungen, Sportveranstaltungen, Konzerten u. a. anzutreffen.

Eine gegenseitige Beeinflussung ist in der Menge – im Gegensatz zur Gruppe – kaum vorhanden. Dennoch gehen von einer solchen „Menschenanhäufung“ bestimmte Wirkungen auf den Einzelnen aus: Gefühle der Zugehörigkeit, Sicherheit, Geborgenheit und Stärke, Anonymitätsempfinden, „Ansteckung“ durch Geräusche, Begeisterung, Entrüstung u. a. (der Mensch lässt sich emotional leichter mitreißen).

Weil Einzelhandlungen von der Menge verdeckt werden, zeigt der Einzelne weniger Verantwortung für sein Verhalten und neigt leichter zu unkontrollierten Handlungen oder gar zu Aggressivität. Folgender Mechanismus ist dabei wirksam:

Anonymitätsempfinden
↘
Hoffen auf Straflosigkeit
↘
Antrieb zu einer „härteren Gangart"

Da die übliche Eigenständigkeit im Denken und Handeln zugunsten der Menge mehr und mehr aufgegeben wird (man gleicht sich einander an), entsteht eine Art **„Mitläufereffekt"**. Kommen starke Gefühlsaufwallungen (etwa Zorn) hinzu, kann der Einzelne sogar die Selbstkontrolle gänzlich verlieren und extreme Verhaltensweisen zeigen. Durch eine gewisse Sogwirkung der Menge werden auch Unbeteiligte zunehmend zum Handeln angeregt.

Obwohl für den **Umgang mit einer Menschenmenge** ebenfalls keine Patentrezepte gegeben werden können, sind folgende Hinweise verallgemeinerungsfähig:

Die **Stimmung der Menge** ist störanfällig. Sie kann sowohl von den inneren Wortführern als auch von außen beeinflusst werden. Hektisches Vorgehen überträgt sich auf die Menge und muss vermieden werden. Besser ist es, ruhig und besonnen zu handeln, da auch dies sich übertragen kann.

Zuschauer bieten (meist eher unbewusst als bewusst) Gewälttätern moralischen Rückhalt, Deckung und Schutz. Undifferenziertes Vorgehen gegenüber der gesamten Menge führt zu einer Solidarisierung aller mit dem „harten Kern". Besser ist es, sich der friedlichen Mehrheit zu öffnen und eine Beziehungsebene zu ihr zu schaffen, um Gewalttäter zu isolieren. Wenn zwischen Menge und Sicherungskräften Fronten entstehen, wächst die Gefahr des gegenseitigen Aufschaukelns. Ein „kriegerisches" Vorgehen wird aufseiten der Menge meist als Bedrohung empfunden und löst einen Bumerangeffekt aus.

Künstlich aufgebaute **Feindbilder** führen zu negativer Haltung und erschweren die Verständigung. Wenn in der Menge die Meinung vorherrscht, das Sicherheitspersonal sei feindselig, ist dies ohnehin problematisch. Falls die Sicherheitsdienstmitarbeiter diese Meinung durch überzogenes Vorgehen bestätigen, ist eine Konfrontation wahrscheinlich.

Bestimmte Zwischenfälle (Unfälle o.a.) führen häufig zu einer speziellen Form der Mengenbildung. Der Reiz des Sensationellen lockt andere Menschen zum Ort des Geschehens. Diese Betrachter sind einerseits selbst gefährdet, andererseits stören sie die Hilfsmaßnahmen, indem sie Zugänge blockieren und durch ihre geballte Anwesenheit beunruhigend auf Betroffene wirken. Polizeipsychologen haben das Verhalten von **Schaulustigen** untersucht und folgende Empfehlungen abgeleitet:

Falsch wäre es, die schaulustige Menge auf ihr **Neugiermotiv** anzusprechen (z. B.: „Haben Sie noch nie einen Verletzten gesehen?"), weil dies das Interesse zum Verweilen fördert. Unkonkrete Informationen („Hier gibt es nichts zu sehen!") verstärken die Neugier und regen die Schaulustigen an, vor Ort zu verharren, anstatt zu gehen. Konkrete Hinweise (z. B.: „Eine ältere Dame ist ohnmächtig geworden. Sie wird bereits behandelt.") tragen dazu bei, die Menge zu zerstreuen. Aber Vorsicht mit „spektakulären" Mitteilungen („Der Werkdirektor ist ohnmächtig …")! Diese bauen Erwartungen nicht ab, sondern nähren Neugiermotive.

Nach Möglichkeit sollte die Menge **aufgegliedert** werden (z. B.: „Bilden Sie eine Gasse für den Notarzt!") und deren Anwachsen verhindert werden (Ereignisort abschirmen, Zugänge möglichst absperren, sachlich informieren).

8.6.3 Panik und Katastrophensituationen

Unter **Panik** ist plötzlich eintretendes Entsetzen zu verstehen, das Menschen ergreift, die sich in einer lebensbedrohenden Situation befinden (oder glauben, sich darin zu befinden). Die Mehrzahl der Betroffenen versucht, sich dieser Lage durch eine schnelle Flucht zu entziehen **(Paniksturm, s. u.)**. Andere sind durch das Entsetzen gelähmt und damit handlungsunfähig **(Panikstarre)**. Einzelne verfallen unter Umständen auch in Schreikrämpfe. Eine dritte Erscheinungsform ist die **Panikstimmung**. Sie stellt gewissermaßen eine Vorstufe zur Panik dar. Die Betroffenen verharren meist in einer Position, die ängstlich und verkrampft ist. Sie „warten" auf den Auslöser, um dann lawinenartig in einen Paniksturm zu verfallen.

Der **Paniksturm** kann als verzweifelte und vernunftlose Fluchtreaktion, gesteuert durch den Selbsterhaltungstrieb des Menschen, bezeichnet werden. Charakteristische Merkmale sind das Fehlen jeglicher ruhiger Überlegungen sowie planloses Verhalten, das von Furcht und Erschrecken geprägt ist. Die Gefahr wird weder sachlich noch realistisch beurteilt. Der Selbsterhaltungstrieb steht im Vordergrund (sich selbst retten), wobei panische Menschen keinerlei Rücksicht auf andere nehmen.

Wird eine Menschenansammlung vom Entsetzen erfasst (oder von aufputschenden Auslösern getrieben), spricht man von **akuter Vermassung.** Das bedeutet, aus einer Menschenmenge wird eine **akute Masse.**

Der Schweizer Nervenarzt und Psychologe Carl Gustav Jung hat die **Masse** mit einem „großen, dummen und gewalttätigen Tier" verglichen. Viele Beispiele des Massenverhaltens scheinen ihm Recht zu geben. Die Intelligenz der Masse ist insgesamt geringer als die der einzelnen Personen, die sich in der Masse befinden. Verantwortungsgefühl und sittliches Verhalten sind geschwächt. Das Gefühl, das die Masse bewegt, herrscht über den Verstand ihrer Individuen. Es besteht eine Neigung zu unkontrolliertem Verhalten bis hin zur Gewalttätigkeit.

Verschiedene **Ursachen** können eine Menschenansammlung zur akuten Masse werden lassen. Eine Explosion, ein Schuss, ein Schrei („Feuer!"), die aufrührerischen Worte eines Redners, ein schnell umlaufendes Gerücht u.Ä. können eine außerordentlich starke Massenerregung verursachen. Auch durch unbedachte Weitergabe von Informationen (z.B. über eine Bombendrohung) kann eine akute Vermassung ausgelöst werden. Hier stehen die Mitarbeiter der Sicherheitsdienste in der besonderen Verantwortung, sowohl die Sicherheit zu gewährleisten (z.B. Gebäuderäumung) als auch zugleich einer Panik entgegenzuwirken (mittels Informationen, die weder Neugier wecken noch Ängste auslösen).

Folgende **Merkmale** sind für die (akute) **Massenerregung** (auch Panik) typisch:
- die Reaktion Einzelner reißt andere mit (z.B. stecken Entsetzen und Geschrei viele an),
- Appelle an die Vernunft werden nicht mehr wahrgenommen oder nicht beachtet; die Ansteckung breitet sich lawinenartig aus,
- die Wechselbeziehungen zwischen den Menschen (z.B. gegenseitige Rücksichtnahme) setzen zeitweilig aus,
- die nächsten „greifbaren" Wege und Mittel zur vermeintlichen Rettung werden benutzt (auch wenn dies sinnlos ist),
- selbst besonnene Menschen werden zu unsinnigen Handlungen mitgerissen u.Ä.

Im Hinblick auf das Fluchtverhalten panischer Menschen, speziell bei Massen, sind besonders Ein- und Ausgangsbereiche als sensible Orte anzusehen, da – aufgrund baulicher Gegebenheiten – Engstellen vorhanden sein können, die eine flüssige Bewegung verhindern sowie „Flaschenhalseffekte" und Staudruck auslösen.

Hinweise:
Als **Flaschenhalseffekt** bezeichnet man die Bildung von Menschentrauben an Ausgängen. Sie entstehen, wenn nicht genügend Durchlassmöglichkeiten existieren.
Unter **Staudruck** versteht man das Zusammenpressen von Menschen innerhalb einer Menge, das sogar tödlich sein kann. Staudruck entsteht, wenn bei einer be-

wegten Menge die „Spitze“ nicht schnell genug vorankommt, aber nachfolgende Personen auflaufen oder nachdrücken.

8.6.4 Katastrophenabwehr (Panikmanagement)

Sicherheitspersonal darf – im Interesse der Eigensicherung (!) – fliehenden Massen nicht entgegentreten. Um (lageabhängig) einwirken zu können, ist eine möglichst erhöhte Position einzunehmen. Mit lauten und scharfen Anweisungen sollte dafür gesorgt werden, die Masse zu lenken, aufzugliedern und zu verteilen (z. B.: „Die Sitzreihen 1–3 benutzen den Bühnenausgang, der 1. Rang benutzt die Treppe A!“ usw.). Hinweise auf Verhaltensweisen, Ausgänge usw. müssen in knapper, gut verständlicher Form gegeben werden. Anweisungen sind mehrfach zu wiederholen. Die Sicherheitskräfte dürfen nicht verunsichern, indem sie wechselnde Anweisungen geben oder hektisch werden.

Außer im unmittelbaren Paniksturm (etwa drei Minuten) gilt folgende Erfahrung:

Wer beherrscht, sicher und sachkundig auftritt, ist am ehesten in der Lage, Furcht und Erregung zu dämpfen (man traut ihm zu, die Gefahr zu bewältigen).

Nach dem Abflauen der Sturm-/Fluchtreaktionen ist es daher sinnvoll, mit ruhiger, gelassener und klar verständlicher Stimme über eingeleitete Hilfsmaßnahmen zu **informieren**, schreiende oder hektische Personen möglichst zu **isolieren** (beruhigen und betreuen), Sichtblenden vor Toten und Schwerverletzten aufzustellen (wenn machbar), ständige Informationen zur Lage zu geben (um Gerüchten entgegenzuwirken), Gruppen zu bilden, **unter Leitung** von Ordnungskräften oder besonnenen Personen erste Tätigkeiten auszuführen (dabei dürfen bestehende Gruppen, vor allem Eltern und Kinder, nicht getrennt werden), **sinnvolle** Aufgaben zu übertragen (z. B. Eimerketten bilden, Verletzte betreuen u. Ä.) sowie sichtbar **Ordnung und Hilfe** zu demonstrieren (z. B. Einrichtung von Versorgungspunkten, Verbandsstellen, Kennzeichnung mit Rot-Kreuz-Fahnen usw.).

Leider versuchen manche Menschen, die einer Gefahr entronnen sind, zum Gefahrenherd **zurückzukehren**, um zu sehen, was los ist (**Rückkehrtendenz**). Sie behindern nicht nur Rettungs- und Hilfsmaßnahmen, sondern stellen eine zusätzliche Gefahr dar, weil sie den Flaschenhalseffek“ an Ausgängen verstärken und den Staudruck vergrößern (oder hervorrufen) können. Auch die Stolpergefahr/Sturzgefahr wird von solchen Gegenbewegungen verschärft.

In Bereichen mit potenzieller Panikgefahr (z. B. große Verwaltungsgebäude, Produktionsanlagen, Veranstaltungshallen u. a.) sollten entsprechende **Vorsorgemaßnahmen** getroffen werden:

- **Einweisen** des Empfangs- und Ordnungspersonals in die Aufgaben bei Notfällen,
- **Kontrolle** der Rettungswege und Notausgänge (Zustand, Kennzeichnung und Beleuchtung),
- **Prüfung** der Einrichtungen zur Brandbekämpfung und zur Ersten Hilfe (Vollständigkeit, Zustand, Tauglichkeit),
- **bauliche Maßnahmen** zur Vorsorge prüfen (Sind Notausgänge, geeignete Fluchttüren, Notleitern usw. ausreichend, um die Veranstaltungsteilnehmer im Ereignisfall aufzunehmen?),
- **Katastrophenschutzübungen** zur Gebäuderäumung u. Ä. (wenn durchführbar).

Ist eine **Lautsprecheranlage** vorhanden, sollte Technik mit Handlungsanweisungen vorgehalten werden, um im Ernstfall eine ruhige, gelassene und gut verständliche Stimme parat zu haben.

8.7 Eigensicherung

Allein aus Sicht der Psychologie ist die Eigensicherung außerordentlich vielschichtig. Zwei Fragen scheinen jedoch – das bestätigen praktische Erfahrungen – besonderes Gewicht für eine erfolgreiche Eigensicherung zu besitzen:

1. Welches subjektive Sicherheitsgefühl gewinnt der Mitarbeiter im Sicherheitsservice aus den unterschiedlichen Maßnahmen der Eigensicherung?
2. Wie wirken die verschiedenen Schritte zur Eigensicherung auf das „Umfeld" der Sicherheitsfachkraft, auf Passanten, Schaulustige, aber auch Kontrahenten?

Wer gedankliche Klarheit über diese Fragestellung gewinnt, hat bereits **einen** Erfolg in der Eigensicherung erzielt.

8.7.1 Mitführen von Notwehrgeräten und Notwehrmitteln

Durch das Gewaltmonopol des Staates ist ihm die Anwendung physischer Gewalt grundsätzlich vorbehalten. Dennoch dürfen sich Mitarbeiter privater Sicherheitseinrichtungen – wie andere Menschen auch –, wenn sie sich oder einen anderen verteidigen, auf sogenannte „allgemeine Notrechte" stützen. Im Rahmen der Verhältnismäßigkeit ist hierbei auch der Einsatz von **Notwehrgeräten** und **-mitteln** zulässig. Dazu gehören Wachbegleithunde, Schlagstöcke, Abwehrsprays, Paralyser, aber auch Schusswaffen (Pistolen und Revolver). Mitarbeiter von Sicherheitsdiensten ist es, im Gegensatz zu anderen Bürgern, untersagt, Schreck- und Gasschusswaffen im Dienst bereitzuhalten oder zu führen (DGUV Vorschrift 23).

Es liegt in der „Natur" vieler Menschen, besonders auch vieler Männer, sich durch den Besitz einer Waffe sicher zu fühlen. Die Geschichte kennt viele Epochen, in denen vor allem der anerkannt war, der den „blanken Stahl" handhaben konnte. Auch heute finden wir vergleichbare Gepflogenheiten. Sie reichen vom Mitführen eines einfachen Taschenmessers bis zur Ausstattung mit allerlei gefährlichem Gerät. Es scheint höchst zweifelhaft, ob dies wirklich der Sicherheit dient.

Beachte:
Waffen oder waffenähnliche Geräte können das subjektive Sicherheitsgefühl fördern. Auf andere Menschen wirken martialische Ausrüstungen im Sinne der Sicherheit aber nicht unbedingt positiv.

Sichtbar mitgeführte Notwehrgeräte können u. a. folgende Effekte auslösen:
- Abschreckung von Störern (Täter wagen sich nicht, bestimmte Handlungen auszuführen),
- Einschüchterung von Personen (jemand traut sich nicht heran),
- Erschwernis der Kommunikation (wer die „Zähne zeigt", kann andere nur schwer von seiner Verhandlungsbereitschaft überzeugen),
- Förderung von Aggressionen (Personen fühlen sich provoziert und suchen Streit),
- Verbesserung des persönlichen Sicherheitsempfindens des Mitarbeiters (er fühlt sich gerüstet),
- Gefährdung des Sicherheitspersonals (Täter mit hoher krimineller Energie schalten gut ausgestattetes Sicherheitspersonal ohne Zögern aus, um das Risiko zu begrenzen),
- Versuche, solche Waffen zu erbeuten (Überfälle auf Sicherheitspersonal fanden auch aus diesem Motiv heraus bereits statt).

Noch drastischer als durch das Führen wird die Situation durch das „Ziehen" von Notwehrgeräten verschärft. Hierdurch werden mehrere nichtsprachliche Signale gesendet, die nur schwer zurückgenommen werden können:
- „Jetzt wird gekämpft, nicht geredet."
- „Du bist mein Feind, mit dir verhandle ich nicht."
- „Die friedliche Phase ist vorüber, jetzt folgt Härte."

- „Deine Argumente interessieren mich nicht, ich will Recht behalten, notfalls mit Gewalt.“
- „Ich habe Angst, deshalb greife ich zur Waffe.“ u. a. m.

In den Augen des Gegenübers wirken die situativen Umstände besonders krass. Am Ende der Gewaltanwendung soll ja die „Unterwerfung“ des Anderen, also seine Niederlage stehen. Das kann durchaus Widerstand (!) hervorrufen oder verschärfen.

Hinweis:
Gelingt es dem Sicherheitspersonal, sich mithilfe von Notwehrgeräten durchzusetzen, gibt es nicht selten eigentümliche Solidarisierungseffekte: Der geschlagene Täter wird in den Augen der Zeugen plötzlich zum hilfebedürftigen Opfer und die Lage eskaliert.

Auch darf nicht unterschätzt werden, welche Gefahr entsteht, wenn dem Mitarbeiter im Sicherheitsdienst die Waffe entrissen wird. Das Hilfsmittel, das eben noch zur Verteidigung eingesetzt werden sollte, wandelt sich plötzlich in eine gefährliche Bedrohung für die eigene Sicherheit.

Beachte:
1. Notwehrgeräte sollten nur dann geführt werden, wenn der Träger deren Handhabung sicher beherrscht und sich in einem guten Trainingszustand befindet.
2. Das Führen von Notwehrgeräten verlangt seitens des Trägers Reife, Beherrschtheit und Sachkenntnis. Er darf nicht zu unüberlegten oder kurzschlüssigen Handlungen neigen.

8.7.2 Aspekte der Eigensicherung

Schon der Volksmund sagt: „Gefahr erkannt – Gefahr gebannt“. Allerdings dürfte es im Umgang mit Menschen nicht immer leicht sein, Gefahren zu erkennen. Dieses Problem erschöpfend zu behandeln, ist hier nicht möglich. Deshalb soll lediglich auf ausgewählte Fragen eingegangen werden.

Personen, die gegen Ordnungsregelungen verstoßen oder gar Straftaten begehen, sind grundsätzlich mit besonderer Vorsicht zu behandeln. Es wäre falsch, von der Art des Verstoßes auf die **Gefährlichkeit des Täters** zu schließen. Derjenige, der „nur“ ein wenig Unruhe gestiftet hat, kann ein steckbrieflich gesuchter Krimineller sein und sich deshalb **mit allen Mitteln** gegen das Einschreiten der Mitarbeiter des Sicherheitsdienstes wehren. Der Grundsatz lautet deshalb: **Rechnen Sie stets mit einem Angriff, wenn Sie gegen Verstöße einschreiten.** Beobachten Sie die Körpersprache des Anderen genau. Sollte er Aufforderungen nicht befolgen (z. B. trotz Aufforderung die Hände nicht aus den Taschen nehmen), so ist eine Position einzunehmen, die das Abwehren eines Angriffs ermöglicht.

Wird einem Ordnungsverstoß o.a. nachgegangen, sollte dies so geschehen, dass eine öffentliche **Blamage des Täters** ausgeschlossen ist. Eine Gefährdung könnte allein dadurch entstehen, dass der andere „überreagiert“.

Beachte:
Gesichtsverlust erzeugt Widerstand!

Auf frischer Tat gestellte Personen bedeuten meist ein besonderes Risiko. Sie sind nicht allein an ihrer Tat zu messen. Überreaktionen, zurückliegende Straftaten, die Befürchtung, das Aufenthaltsrecht in Deutschland zu verlieren, aber auch andere Besorgnisse oder Gefühle (z.B. Rachedurst) können diese Menschen unberechenbar machen. **Täter riskieren u.U. außerordentlich viel, um die Flucht zu ermöglichen.**

Menschen, die äußerlich primitiv wirken, können trotzdem sehr schlau sein. Viele Täter beherrschen gewisse Tricks. Festgenommene Personen reagieren nicht selten besonders freundlich und willigen in alle Forderungen ein. Sie warten auf die „günstige Gelegenheit“. Mitarbeiter des Sicherheitsdienstes müssen deshalb in solchen Situationen auf **Scheinmanöver** (z.B. vorgetäuschter Herzanfall) ebenso vorbereitet sein wie auf **Kurzschlusshandlungen** (z.B. Sprung aus dem Fenster des 3. Stockes).

Hinweis:
Wer überrascht wird, ist häufig reaktionsunfähig. Schützen Sie sich, indem Sie alles für möglich halten.

Selbst die vertrauteste Umgebung kann zum Gefahrenfeld werden, wenn besondere Bedingungen unbeachtet bleiben. Die Jahreszeit und die damit verbundene **Witterung** (z.B. Frost), die Tageszeit und davon beeinflusste **Lichtverhältnisse**, die **Bodenbeschaffenheit**, bauliche Veränderungen, **Menschenansammlungen** und vieles mehr können das Handeln des Sicherheitspersonals beeinträchtigen. Hinzu kommt das persönliche Befinden (z.B. Stress).

Hinweise:
1. Routiniertes Handeln ist hilfreich – blinde Routine schadet.
2. Versehen Sie Ihren Dienst stets ausgeruht und mit wachen Sinnen.

Fragen der Eigensicherung und die darin eingebundenen taktischen Aspekte sind sehr umfassende Bereiche. Sie beginnen bereits mit dem genauen Kennenlernen des Schutzobjektes und seiner **Gefahrenpunkte** (z.B. schwer einsehbare Bereiche, steile Treppen, Unebenheiten u.v.a.) und führen bis zum einzelnen Lösungsmuster aus dem variantenreichen Spektrum taktischer Lagen (die hier nicht dargestellt werden können). Darüber hinaus müssen Sicherheitskräfte die Vorschriften der Deutschen Gesetzlichen Unfallversicherung (DGUV Vorschrift 1, DGUV vorschrift 23) kennen und einhalten.

Körperliche Fitness und **regelmäßige Schulung** der zur Aufgabenerfüllung nötigen Fähigkeiten und **Fertigkeiten** sind elementare Voraussetzungen für richtiges Verhalten und **Gefahrenvorbeugung.** Richtiges Verhalten bedeutet umsichtiges Einschätzen der Situation. Im Umgang mit einem Teil derjenigen Leute, die dem Sicherheitspersonal u. U. gegenüberstehen, ist gesundes Misstrauen manchmal besser als leichtfertiges Vertrauen.

Das richtige Verhalten beginnt bereits **vor** Dienstantritt. Wesentliche Merkmale dafür sind:
- keinen Alkohol oder andere berauschende Mittel einnehmen,
- nicht übermüdet zum Dienst erscheinen,
- Überprüfung des Anzuges und der Ausrüstung (z. B. Funkgeräte) auf Vollständigkeit und Einsatzfähigkeit.

Bei **Personenkontrollen** (z. B. Prüfen von Ausweisen, Feststellen von Personalien) sollten folgende Regeln berücksichtigt werden:
- günstigen Standort wählen (er darf die Eigensicherung nicht gefährden und sollte notfalls den Einsatz von Hilfsmitteln zulassen),
- mit Gewalttätigkeit rechnen (auch bei harmlosen Anlässen kann der Kontrollierte gewalttätig werden),
- höflich, aber bestimmt auftreten (sich durchsetzen),
- Reaktionen beobachten (alle anwesenden Personen im Auge behalten, nicht ablenken lassen),
- Gutgläubigkeit vermeiden (Vorsicht, Falle möglich),
- mit Verdächtigen besonders vorsichtig umgehen und ihnen **nie den Rücken zuwenden**.

Bei **Fahrzeugkontrollen** (z. B. an Toreinfahrten) sollte das Sicherheitspersonal folgende Empfehlungen berücksichtigen:
- nie vor das Fahrzeug treten,
- geeignete Kontrollplätze wählen (Kontrolle sollte behinderungsfrei erfolgen können),
- den Kraftfahrer deutlich einweisen,
- mit „Durchstarten“ rechnen,
- (möglichst) von der Beifahrerseite an das Kfz herantreten,
- nicht auf Trittbretter steigen,
- nie in das Kfz hineinbeugen,

- Abstand vom Fahrzeug halten,
- Schwenkbereich der Fahrzeugtüren beachten,
- (möglichst) Motor abstellen und die Schlüssel abziehen lassen,
- (möglichst) Fahrer und andere Personen einzeln aussteigen lassen.

Eigensicherung auf einen Blick	
Grundsätze	– Augen und Ohren stets offen halten – Sorglosigkeit und blinde Routine vermeiden
Funkverbindung	– Funkkontakt halten – jede Unregelmäßigkeit melden – erkannte Gefahren melden – jedes von der Dienstanweisung abweichende Handeln melden (Angabe des Grundes)
Ereignis	– nie überhastet vorgehen – nie unüberlegt handeln (Situation beachten – Lage beurteilen – Handlung durchführen)
Waghalsigkeit	– draufgängerisches Verhalten vermeiden – in unübersichtlichen Situationen nicht allein handeln – in kritischer Lage Verstärkung anfordern (z. B. bei offensichtlicher eigener Unterlegenheit)
Beobachtung	– stets Rundumsicherung gewährleisten – Umfeldbeobachtung durchführen – Beobachtung nach oben nicht vernachlässigen (= psychologisch erklärbare Schwachstelle)
Hilfeleistung	– nie unüberlegt helfen (Vorsicht, Falle!) – notwendige Hilfeleistung **nicht** unterlassen
Vorsicht	– erhöhte Aufmerksamkeit bei Dunkelheit – Risiken (möglichst) ausschließen – Restrisiko taktisch absichern
Handlungsalternativen (defensive taktische Handlungsalternativen)	– Sicherungsstellung einnehmen (z. B. Schutzstellung mit MES = Mehrzweckeinsatzstock) – Abstand vergrößern – Deckung suchen (z. B. Barrieren ausnutzen) – (nötigenfalls) Rückzug antreten

9. Grundzüge der Sicherheitstechnik

Die Sicherheitstechnik macht in der schriftlichen Sachkundeprüfung den Anteil 8 von 100 aus. Auch in der mündlichen Prüfung werden Fragen zu diesem Sachgebiet gestellt.

9.1 Grundlagen

Die Sicherheit von Personen und Objekten hängt davon ab, wie viel Sicherungsaufwand möglich und gewollt ist. Eine hundertprozentige Sicherheit kann es jedoch nicht geben.

Sicherheit entsteht aus dem sinnvollen **Zusammenspiel** von drei Faktoren:
- mechanische Sicherungseinrichtungen (z. B. einbruchhemmende Tür),
- elektronische Sicherungstechnik (z. B. Riegelkontakt) und
- organisatorische Maßnahmen (z. B. Revierstreife, Alarmverfolgung).

Mechanische Sicherungseinrichtungen trennen den Sicherungsbereich von den angrenzenden Bereichen ab. Sie dienen auch der Abschreckung (z. B. weil die Überwindung des Hindernisses zu aufwendig oder riskant ist). Vor allem sollen sie möglichen Angriffen **Widerstand** bieten.

Unter **Widerstandswert** wird der Vergleichswert verschiedener mechanischer Sicherungen gegen bestimmte Angriffsarten verstanden (z. B. welchen Widerstand gegen Angriffe mit Bolzenschneider bietet ein Maschendrahtzaun im Vergleich zu einer Betonmauer).

Für die Praxis bedeutsamer ist der **Widerstandszeitwert**. Dieser gibt an, wie lange eine Barriere einem bestimmten Angriff standhalten kann (z. B. Ziegelmauer „gegen" Bohrhammer). Der Widerstandszeitwert sollte so bemessen sein, dass die Hilfe leistenden Kräfte am Tatort eintreffen, bevor der Täter die mechanische Sicherung überwunden hat oder vor Erreichung des Angriffserfolges zur Aufgabe gezwungen wird.

Elektronische Sicherungstechnik fungiert zunehmend als Ersatz bestimmter menschlicher Tätigkeiten (z. B. Freischalten eines Drehkreuzes, um den Zugang in eine Räumlichkeit zu ermöglichen). Hauptsächlich dient sie aber der **Überwachung** schutzwürdiger Einrichtungen oder Objekte (z. B. Erschütterungsmelder an einer Vitrine). Mit der Überwachung sollen **Gefahrenzustände**, z. B. für Rechtsgüter, möglichst früh **erkannt**, genau **ermittelt**

(z. B. wo, was?) und schnell **gemeldet** werden (Übertragung an eine Hilfe leistende Stelle).

Organisatorische Sicherungsmaßnahmen sind in der Regel mit dem Einsatz von Personal verbunden. Sie erstrecken sich von der Planung (Konzeption) über das Schaffen von Voraussetzungen (z. B. Erstellen einer Dienstanweisung) bis zur Ausführung (z. B. Kontrolle vor Ort).

9.2 Mechanische Sicherungseinrichtungen

Mechanische Sicherungseinrichtungen gibt es in großer Vielfalt. Zu ihnen zählen Grundstückseinfriedungen (z. B. Zäune, Mauern), Gitter, Durchfahrtsperren, Schranken, Tore, Türen, Riegel, Schlösser, aber auch Rollläden, Einbruch hemmende Verglasung und Wertbehältnisse.

9.2.1 Umfriedungen (Einfriedungen)

Einfriedungen markieren in der Regel die juristische Grenze eines Besitztums. Sie sollen widerrechtliches Eindringen verhindern oder zumindest erschweren. Diesem Zweck dienen z. B. Zäune und Mauern, aber auch Hecken oder andere Barrieren.

Mauern haben in der Regel einen hohen Widerstandszeitwert. Aufgrund ihrer Nachteile (hohe Kosten, Sichthindernis bei der Vorfeldbeobachtung, mangelnde Akzeptanz der Menschen aufgrund der Sichtbeschränkungen) werden meist andere Einfriedungen gewählt.

Zäune/Zaunanlagen

In Abhängigkeit vom verwendeten Material und von der Bauart werden verschiedene **Zaunarten** unterschieden: Maschendrahtzaun, Streckmetallzaun, Drahtgitterzaun, Stahlgitterzaun, Stahlprofilrahmenzaun.

Material und Bauart haben Einfluss auf die Überwindungssicherheit. Gehärtetes und/oder oberflächenvergütetes Metall, innen liegende Verbindungselemente, aber auch eingebaute Rollensicherungen erschweren das **Durchbrechen/Durchtrennen** und erhöhen damit den Widerstandszeitwert. Geringe Abstände zwischen Gitterstäben bzw. Maschen behindern das **Durchreichen** von Gegenständen.

Die **Zaunhöhe** bietet Schutz gegen **Übersteigen** (empfehlenswert sind 2,5 m). Allerdings geben örtliche Bauvorschriften oft Höhenbegrenzungen vor (auch Bauartvorgaben sind zu beachten). Durch Anbringen eines **Übersteigschutzes** auf der ‚Zaunkrone', z. B. sogenannte Y-Ausleger oder einfache Ausleger (entgegen der Angriffsrichtung) kann zusätzliche Sicherheit erreicht werden. In besonderen Fällen ist auch eine **Kronensicherung** (z. B. mittels S-Draht-Rollen) durchführbar.

Als **Unterkriechschutz** werden Zaunfelder gewöhnlich 0,3 m im Erdreich verankert. Gegen das **Untergraben** schützen Zaunfeldfundamente, die etwa 0,8 m in den Boden eingelassen werden.

Weitere Sicherheitserfordernisse sind die **Standfestigkeit**, innere **Stabilität** und die **Überschaubarkeit** der Zaunanlage (z. B. kein sichthemmender Pflanzenwuchs).

9.2.2 Durchlässe

Umfriedungen werden an bestimmten Stellen unterbrochen (Durchlässe), um den Durchgang/die Durchfahrt zu ermöglichen. Der Sicherungszweck (z. B. Vereinzelung oder Erschwerung des widerrechtlichen Eindringens) bestimmt die **Art** des jeweiligen Durchlasses: Schranke, Tor, Durchfahrtsperre, Drehsperre, Tür, Drehkreuz, Personenschleuse u. a.

Schranken sind ein Hilfsmittel der Kontrolle und haben eine Ordnungsfunktion. Schutz gegen Eindringen bieten sie nicht.

Durchfahrtsperren bieten eine relativ hohe Sicherheit gegen Durchbruchversuche mit Fahrzeugen. Aufgrund des Aufwandes sind sie nur für Bereiche mit hohem Risikopotenzial sinnvoll (z. B. Atomkraftwerke, zentrale Finanzdepots).

Tore, Türen und Drehkreuze müssen hinsichtlich ihrer Sicherheitsmerkmale der dazugehörigen Umfriedung entsprechen. (Es ergibt wenig Sinn, einen Zaun 2,5 m, aber die Tore nur 1,2 m hoch zu bauen.)

Als **Tore** finden vor allem Schiebetore, Rolltore, Schwingtore, Hubtore, Senktore, aber auch ein- und mehrflügelige Tore Verwendung. Sie müssen eine Aufschiebemöglichkeit gewährleisten, besonders bei Motorantrieb, sowie eine sichere Verriegelung, hohe Funktionalität (Gängigkeit, Stabilität, störfreie Schließvorgänge, minimales Torspiel) und geringen Bodenabstand (max. 10 cm).

Sogenannte **Türsysteme** sind Zugangseinrichtungen, die der Personenvereinzelung dienen und – in Verbindung mit elektronischen Ausweislesern oder „intelligenten“ Verschlüssen, z. B. PIN-Code – den Zutritt nur für befugte Personen ermöglichen. Derartige Systeme können sein: Drehsperren, Drehkreuze, Portaldrehkreuze, Drehtüren, Personendrehschleusen, aber auch Schwenktüren.

Automatisch gesteuerte Türsysteme können im Ereignisfall (z. B. Brand) ein verhängnisvolles Hindernis sein. Deshalb müssen für Gefahrensituationen Durchlassmöglichkeiten geschaffen werden, die geeignet sind, einen möglichen Personenstau zu vermeiden (z. B. **Freischaltung**, mechanische Entriegelung, zusätzliche „Fluchttüren").

Kriminalstatistische Analysen zeigen, dass **Türen** das häufigste Angriffsziel bei Einbrüchen darstellen. Eine Tür ist nur so sicher wie ihr schwächstes Bauteil. Diese Bauelemente sind im Regelfall: Zarge (oft mit dem Rahmen verwechselt), Türblatt, Türbänder (vielfach falsch als Scharniere bezeichnet), Türschloss mit Verschlusseinrichtung (z. B. Schließzylinder), Schließblech (wenn keine Metallzarge verwendet wird) und Türbeschläge (z. B. Kurzschild, Schutzrosette).

Einbruchhemmende Türen werden in Widerstandsklassen (WK) unterschieden. WK 1 bietet kaum Widerstand, WK 2 bietet Widerstand gegen einfache Hebelwerkzeuge, WK 3 leistet Widerstand gegen Hebelwerkzeuge bis hin zum „Kuhfuß" (70 cm), WK 4 verspricht zusätzlichen Widerstand gegen Schlagwerkzeuge und Akku-Bohrmaschinen, WK 5 widersteht darüber hinaus elektrischen Stichsägen und Winkelschleifern. WK 6 wirkt auch gegen Werkzeuge größerer Leistung.

Die Widerstandszeiten (in Minuten) betragen: WK 1 = 0, WK 2 = 3, WK 3 = 5, WK 4 = 10, WK 5 = 15, WK 6 = 20.

Feuerhemmende Türen dienen im Regelfall als sogenannter Feuerschutzabschluss. Ihre Schutzgüte wird mit dem Kürzel „T" (für Tür) und der Zeitangabe in Minuten klassifiziert (z. B.: T-90 = feuerbeständige Tür (90 Min), T-30 = feuerhemmende Tür).

9.2.3 Schlösser

Schutzbeschläge (z. B. Türschild) sollen das sogenannte „Sperreingerichte" eines Schlosses gegen Bohrangriffe und Schließzylinder gegen Abbrechen schützen. Sie werden nach DIN 18 257 in drei Klassen unterteilt: ES-1 (= einbruchhemmend), ES-2 (= erhöht einbruchhemmend), ES-3 (= hoch einbruchhemmend).

Das **Schloss** hat wesentlichen Einfluss auf die Überwindungssicherheit einer Tür. Ein **Buntbartschloss** (nach der bunten Vielfalt der Schlüsselbärte benannt) besitzt kaum einen Sicherheitswert. Ein **Besatzungsschloss** (durch zusätzlichen Stahl**besatz** muss der Schlüsselbart geteilt sein) hat einen nur geringen Sicherheitswert. Das **Zuhaltungsschloss** (Chubb-Schloss) erfordert einen mehrfach gestuften Schlüsselbart, um alle Zuhaltungen im Schloss betätigen zu können. Je nach Anzahl der Zuhaltungen (mindestens 6 bis 7) kann der Sicherheitswert sehr hoch sein. Ein **Kombinationsschloss** (auch Zahlenkombinationsschloss) ist ein sogenannter „intelligenter Verschluss", weil zur Öffnung eine Zahlenkombination bekannt sein muss. Der Sicherheitswert ist hoch – vorausgesetzt, die Öffnungskombination wird entsprechend vertraulich behandelt.

Zylinderschlösser sind sehr verbreitet. Sie bestehen gewöhnlich aus dem „eigentlichen" Schloss (meist ein Einsteckschloss) sowie einem auswechselbaren Schließzylinder. Gebräuchliche Zylinderformen sind: Profilzylinder, Rundzylinder und Ovalzylinder.

Wichtige **Sicherheitskriterien** für Zylinderschlösser sind:
- Betriebssicherheit (Gewährleistung einer zuverlässigen Funktion),
- Nachschließsicherheit (Schutz gegen Anwendung gleichartiger – „ähnlicher" – Schlüssel),
- Aufsperrsicherheit (Widerstand gegen die Verwendung von Sperrwerkzeugen),
- Abbruchfestigkeit (Verhindern des Abbrechens eines Schließzylinders, z. B. durch bündigen Abschluss mit dem Schutzbeschlag),
- Aufbohrschutz (Schutz gegen Zerstören des Zylinders mit Bohrwerkzeugen),
- Kernziehfestigkeit (Schutz gegen Herausreißen des Zylinderkerns).

Nach DIN 18 252 werden Zylinder als angriffshemmend anerkannt, wenn sie **fünf** Stiftzuhaltungen bei mindestens 25.000 unterschiedlichen Schließungen (= Klasse P1), 50.000 Schließungen (= Klasse P2) oder **sechs** Stiftzuhaltungen bei 100.000 Schließungen (= Klasse P3) aufweisen.

Mechanische Schlossqualität nützt aber ohne organisatorische Schutzmaßnahmen wenig. Zu Letzteren gehören: sichere Aufbewahrung der Schlüssel, Schutz gegen Verlust (z. B. Tragen an einer Sicherungskette), Nachweisführung über den Verbleib der Schlüssel, Einsatz einer **Sicherungskarte** (nur deren Inhaber bekommt einen weiteren Schlüssel nachgefertigt).

Der Sicherheitswert von Schlössern kann außerdem erhöht werden, wenn Schlüssel mit komplizierten Profilen, speziellen Doppelfräsungen und/ oder Stufenbohrungen (Wendeschlüssel) Verwendung finden. Magnetfelder im Schlüssel oder die Kombination von Mechanik und Elektronik (z. B. „Chip" im Schlüssel bzw. Schloss) erhöhen den Sicherheitswert ebenfalls.

Hinweise:

1. Einbausicherungen, Schlüssellochsperren u. Ä. wurden hier nicht erwähnt, weil ihr Sicherheitswert gering ist.
2. Sogenannte Schlüsselkarten werden im Zusammenhang mit den Zutrittskontrollsystemen (ZKS) erläutert (s. Kapitel 9.3.3).

9.2.4 Schließanlagen

Schließanlagen dienen dazu, mithilfe von Schlössern und Schlüsseln verschiedene Schlüsselbereiche und unterschiedliche Berechtigungen zu schaffen.

Bei der **Zentralschlossanlage** schließen die verschiedenen Einzelschlüssel bestimmte Zugänge (Beispiel Hotel: Zimmerschlüssel 104 schließt nur Zimmer 104, aber zugleich die Haustür = Zentralschloss.).

Bei der **Hauptschlüsselanlage** hat jedes Schloss ebenfalls einen zugehörigen Einzelschlüssel. Es gibt aber außerdem einen übergeordneten Schlüssel (Hauptschlüssel), der alle Schlösser schließen kann (Beispiel Schule: Der Hausmeister kann jede Tür mit dem Hauptschlüssel öffnen.). Verschiedentlich werden Kombinationen von Zentralschloss- und Hauptschlüsselanlage eingerichtet (Beispiel Hotel: Der Haupteingang hat ein Zentralschloss [siehe oben] und das Reinigungspersonal einen Hauptschlüssel für jedes Hotelzimmer.).

Generalhauptschlüsselanlagen werden insbesondere in großen Industrie- und Verwaltungsbauten eingesetzt, in denen eine ganze „Schließhierarchie" erforderlich ist. Im Grunde handelt es sich um den Zusammenschluss mehrerer Hauptschlüsselfunktionen und deren Einteilung in bestimmte Gruppen. Nach der Wichtigkeit können z. B. unterschieden werden: 1. Generalhauptschlüssel (GHS), 2. Hauptgruppenschlüssel (HGS), 3. Obergruppenschlüssel (OGS), 4. Gruppenschlüssel (GS), 5. Untergruppenschlüssel (UGS) und 6. Einzelschlüssel (ES).

Je wichtiger ein Schlüssel ist, umso größer muss die Sorgfalt im Hinblick auf seine Verwahrung, Weitergabe (nur an Berechtigte), sichere Beförderung usw. sein. Der Verlust eines GHS kann u. U. zu Schadenersatzforderungen in Millionenhöhe führen!

9.2.5 Fenster

Nach den Türen sind Fenster nicht selten Ziel krimineller Handlungen. Angriffe können sich sowohl gegen die Verglasung oder die Verschlusseinrichtung als auch gegen die Bänder, den Flügelfries, den Rahmenfries oder den

Fenstersims/das Fensterbrett richten. All diese Bauteile müssen – aufeinander abgestimmt – in einer bestimmten Qualität beschaffen sein, damit ein Fenster nach DIN EN V 1627 als einbruchhemmend gelten kann. Die Einteilung erfolgt in sechs Klassen, die etwa so aufgebaut sind wie die der Türen (s. Kapitel 9.2.2 einbruchhemmende Türen).

Die größte Schwachstelle eines Fensters ist die **Verglasung**. Ausgehend von der Angriffsart werden durchwurfhemmende, durchbruchhemmende, durchschusshemmende und sprengwirkungshemmende Fenster unterschieden.

Angriffe auf **Rollläden** sind hauptsächlich: Hochschieben, Heraustrennen von Lamellen/Lamellenteilen, Herausziehen der Führungsschienen.

Einbruchhemmungen sind erreichbar durch:
- Stabilität, Tiefe und (feste) Verankerung der Führungsschienen,
- stabile, versteifte und verstärkte Lamellen (z. B. durch Stahleinlagen),
- Rollladenprofile aus Aluminium oder glatte Außenprofile (ohne Ansätze gegen Herausreißen),
- Hochschiebesicherungen, motorbetrieben (z. B. Rohrmotor) oder mechanisch (z. B. Klemmen, Federn, Riegelverschlüsse), die automatisch „einrasten“.

Vergitterungen werden eingesetzt, um Fenster, Türen, Abluftöffnungen u. a. Wanddurchlässe, aber auch Luft- und Lichtschächte zu sichern. Für den Widerstandswert eines Gitters sind maßgebend: die Festigkeit des Materials, die Weite der „Maschen“ (Segmente), die feste Verankerung in der Wand (z. B. im Mauerwerk), aber auch der Einsatz spezieller Profile (z. B. Rohrrollensicherung, Gummi-Keramik-Füllungen).

Bei **Lichtschachtsicherungen** kommt es außerdem darauf an, die Gitterroste fest zu verankern (z. B. massiv mit dem Schacht zu verbinden).

9.2.6 Wertbehältnisse, Tresorräume und Werttransportfahrzeuge

Wertbehältnisse, Tresorräume und Werttransportfahrzeuge dienen der sicheren Aufbewahrung bzw. Beförderung von Bargeld und anderen Wertgegenständen, aber auch vertraulichen Unterlagen und wichtigen Belegen. Ihr Einsatz kann u. a. aufgrund versicherungsrechtlicher Vorgaben erforderlich sein. Ihre Sicherheit (Widerstandswert) ist abhängig vom verwendeten Material (inkl. „Wandstärke“), von der Konstruktion (Bauart) sowie vom Verschlusssystem (Verschlusseinrichtung).

Wertbehältnissen unterscheiden sich in:
- Stahl-/Geldschränke (einwandig oder mehrwandig),

- Panzer-Geldschränke (mehrwandig),
- Einmauerschränke (einwandig) im Mauerwerk und/oder Boden verankert,
- Datensicherungsschränke zur Aufbewahrung von Datenträgern, Filmen, Unterlagen (Feuerwiderstand und Einbruchwiderstand).

Tresorräume (Tresoranlagen) sind vor Einbruch geschützte Räume unterschiedlicher Widerstandsklassen, die zusätzlichen Schutz gegen Angriffe mit Sprengstoff (EX) oder mit Kernbohrgerät (KB) bieten können.

Als **Werttransportfahrzeuge** werden in der Regel sogenannte „sondergeschützte Fahrzeuge" eingesetzt. Diese verfügen über eine **durchschusshemmende** Außenhaut (einschließlich der Fenster), die Angriffen mit Pistolen, Revolvern und Gewehren (nicht aber „Panzerfäusten" o. Ä.) Widerstand bietet. Zusätzlich kann die Sicherheit durch „Notlaufelemente" in den Reifen, explosionsgeschützte Kraftstoffbehälter, Feuerlöscheinrichtungen, Überfallmeldeanlagen u. a. erhöht werden. Die Fahrzeuge sind so gebaut, dass niemand unmittelbar einsteigen kann, sondern nur über ein Schleusensystem, das **von innen** freigegeben werden muss. Moderne Kommunikationsmittel ergänzen die Ausstattung. Dazu gehören: Sprechfunkgeräte (spezielle Frequenz mit Sprachverschleierung), Mobiltelefone, Bündelfunk sowie GPS (**G**lobal **P**ositioning **S**ystem), die über Satellit eine relativ genaue Fahrzeugortung, aber auch eine Videofernübertragung aus dem Fahrzeuginneren bzw. aus seiner Umgebung möglich machen.

9.3 Elektronische Sicherungstechnik

Unter elektronischer Sicherungstechnik wird die Gesamtheit von Einrichtungen und Anlagen verstanden, die der technischen Überwachung dienen (z. B. Videoüberwachungsanlagen) oder dem Erfassen und Melden von Ereignissen (z. B. Brandmeldeanlage). Sie soll Alarminformationen frühzeitig und sicher erkennen (d. h. ohne Ausfälle), sie verarbeiten und an Hilfe leistende Stellen weiterleiten, aber auch Steuervorgänge auslösen, die der Alarmierung oder Rettung von Menschen sowie der Gefahrenbekämpfung dienen (z. B. Löschanlage).

9.3.1 Gefahrenmeldeanlagen

Gefahrenmeldeanlagen (GMA) sind Fernmeldeanlagen, die Gefahren für Personen und/oder Sachen **zuverlässig** melden. Für ihre Installation sind die Bestimmungen des VDE (**V**erband **D**eutscher **E**lektrotechniker) zu beachten, die zugleich dem nationalen Normungssystem (Deutsches Institut für Normung, DIN) zugeordnet sind (z. B. DIN VDE 0800 ff.).

Wichtige Forderungen an GMA in diesem Zusammenhang sind:
- die Anlage arbeitet ausfallfrei, Störungen werden gemeldet,
- Maßnahmen, die den Ausfall der Anlage verhindern, funktionieren sicher (z. B. Notstromversorgung),
- die Übertragungswege werden permanent überwacht, Falschalarme und Fehlalarme sind weitgehend ausgeschlossen.

GMA werden in folgende Arten unterschieden: Einbruchmeldeanlagen, Überfallmeldeanlagen (Notrufeinrichtungen), Brandmeldeanlagen und Störmeldeanlagen.

Prinzipiell bestehen GMA aus folgenden Bestandteilen:
a) **Melder** (Sensoren), die Gefahren, Manipulationen und Störungen erkennen sollen,
b) **Meldelinien**, mit denen eine Verbindung zwischen Sensor und Meldezentrale hergestellt wird (die Linien werden mittels elektrischer Widerstandsmessung **ständig** überwacht [= **Primärleitung**] – bei Unterbrechung des Stromflusses erfolgt die Alarmierung),
c) **Meldezentrale**, die eingehende Signale (der Melder) aufnimmt und auswertet sowie die Meldelinien und die Stromversorgung überwacht,
d) **Stromversorgung** für einen sicheren Betrieb (d. h. zuverlässige „Notstromversorgung“ auch bei Netzausfall),
e) **Signalgeber,** die (in der Hilfe leistenden Stelle) optisch und/oder akustisch Alarm auslösen,
f) **Zusatzgeräte** (wie automatische Wähl- oder Ansagegeräte), die über Telefonleitungen Alarmmeldungen an Hilfe leistende Stellen und/oder spezielle Dienste weitergeben,
g) **Scharfschalteinrichtung**, mit der die Einbruchmeldeanlage aktiviert wird (Brandmeldeanlagen müssen immer „scharfgeschaltet“ sein) – Scharfschaltung erfolgt in der Regel mit einem Blockschloss.

Wichtiges Merkmal einer normgerechten GMA ist deren **Zwangsläufigkeit**. Das bedeutet, dass die Anlage sich erst scharf schalten lässt, wenn der erforderliche Sicherheitszustand besteht (z. B. alle Fenster geschlossen sind).

9.3.1.1 Einbruchmeldeanlagen

Einbruchmeldeanlagen (EMA) sind Fernmeldeanlagen, die zur Überwachung von Flächen oder Räumen gegen unbefugtes Eindringen oder zum Überwachen von Sachen gegen Wegnahme dienen. Sie funktionieren automatisch, müssen aber zur Aktivierung scharf geschaltet werden.

Für den Einsatz von Einbruchmeldeanlagen ist der Verwendungszweck entscheidend. Dabei unterscheidet man: die **Freigeländeüberwachung** (auch Perimeterüberwachung), die **Außenhautüberwachung** (z.B. Wände, Fenster, Außentüren), die **Innenraumüberwachung** (z.B. von Bewegungen in Räumen oder Durchgängen) sowie die **Einzelobjektüberwachung** (z.B. Wertbehältnisse wie Panzer-Geldschränke).

Die Arten von Einbruchmeldeanlagen sind sehr vielfältig. Daher ist zum besseren Überblick eine Einteilung nach dem physikalischen Funktionsprinzip sinnvoll:

a) **Elektro-mechanische Melder** sind Einbruchmelder, die auf mechanischer Grundlage funktionieren. Am häufigsten sind folgende Varianten anzutreffen:
   - der **Riegelkontakt/Schließblechkontakt** (vom Riegel des Schlosses wird ein im Schloss eingebauter Mikroschalter betätigt = Alarm),
   - der **Magnetkontakt** (auch „Reedkontakt" – auf einen Kontaktschalter in einem Glasröhrchen wirkt ein Magnet und schaltet den Stromkreis; wird die Tür geöffnet, fehlt die Magnetwirkung, so dass der Kreis unterbrochen wird = Alarm),
   - der **Erschütterungskontakt** (auch Vibrationskontakt, z.B. beim Öffnen einer Vitrine = Alarm),
   - die **Alarmdrahttapete** (zur Überwachung von Wandflächen – reißt ein Draht = Alarm),
   - das **Alarmdrahtglas** (funktioniert ähnlich der Alarmdrahttapete, wobei die Drähte zwischen zwei Verbundglasscheiben – VSG – liegen),
   - der **Spanndrahtmelder** (ein rost- und dehnungsfreier Draht, der zur Überwachung von Zaunanlagen dient, bei Berührung oder Durchtrennung = Alarm).

b) **Elektro-akustische Melder** funktionieren mithilfe von Schallwellen. Relativ verbreitet sind folgende Arten:
   - der **passive Glasbruchmelder** (erfasst die hochfrequenten Schallwellen, die beim Bruch von Glas auftreten = Alarm),
   - der **aktive Glasbruchmelder** (sendet hochfrequente Schallwellen, die von der Glasscheibe zum Empfänger übertragen werden; bricht das Glas, können die Wellen nicht mehr empfangen werden = Alarm),
   - der **Ultraschallbewegungsmelder** (auch Ultraschallmelder – sendet Ultraschallwellen aus und empfängt die reflektierten Wellen von Wänden, Möbeln usw.; ändert sich die Frequenz, z.B. durch Bewegungen einer Person = Alarm),
   - der **Körperschallmelder** (z.B. für die Überwachung von Wänden, Decken, Böden der Tresorräume – nimmt Schallwellen auf, die bei An-

griffen mit mechanischen oder thermischen Werkzeugen entstehen = Alarm).

c) **Elektro-optische** Melder funktionieren auf der Basis von Infrarotstrahlung. Besonders gebräuchlich sind:
   - die **Infrarotbewegungsmelder** (die von einer Person abgestrahlte Wärme gelangt auf das Sensorelement = Alarm – also ein **passiver** Melder),
   - die **Infrarotschranke** (ein **Sender** strahlt infrarotes Licht, das von einem Empfänger aufgenommen wird; unterbricht jemand den Lichtstrahl = Alarm – also ein **aktiver** Melder).

d) **Elektrische Melder** reagieren auf Veränderungen der elektrischen Kapazität (kapazitive Feldveränderungen) oder auf elektromagnetische Wellen. Die wesentlichsten Varianten sind:
   - der **kapazitive Feldveränderungsmelder** (um ein isoliert aufgestelltes Objekt – z.B. Panzer-Geldschrank – wird ein elektrisches Feld aufgebaut; tritt jemand heran, ändert sich die Kapazität = Alarm),
   - der **Mikrowellenbewegungsmelder** (zwischen Sender und Empfänger werden hochfrequente Wellen übertragen, bei Bewegungen in einem Raum entstehen Abweichungen zwischen der ausgestrahlten und empfangenen Frequenz = Alarm),
   - die **Mikrowellenrichtstrecke** (sendet einen gerichteten „Frequenzstrahl" zum Empfänger; tritt jemand in den „Strahl" = Alarm).

9.3.1.2 Überfallmeldeanlagen

Überfallmeldeanlagen (ÜMA, auch Notrufeinrichtungen) sind **keine** automatischen Gefahrenmeldeanlagen. Sie sollen vielmehr ermöglichen, dass Personen im Gefahrenfall einen Notruf durch manuelle Betätigung absetzen können. Hauptsächlich werden folgende Arten unterschieden:

- **Taster** setzen sich aus einer Grundplatte und einer Deckplatte zusammen, die durch Indikatorpapier getrennt sind. Drückt man auf die Deckplatte, wird das Indikatorpapier zerstört und der Kontakt geschlossen = Alarm. **Notrufdrücker** funktionieren ähnlich wie ein Klingelknopf".
- **Kontaktschienen** haben die gleiche Zielstellung wie Taster. Es muss aber kein Druck erfolgen, da bereits eine **Berührung** ausreicht. Das Berühren muss auch an keiner bestimmten Stelle erfolgen, denn die gesamte Schiene ist zur Alarmauslösung geeignet.
- **Geldscheinkontakte** sind lichtempfindliche Bauteile. Wird die „Abdeckung" entfernt, z.B. Geld aus der Kasse entnommen = Alarm.
- **Tretleisten** dienen ebenfalls dem unauffälligen Auslösen von Alarm. In einem fest installierten sowie einem beweglichen Bauteil der „Leiste" sind Magnetkontakte enthalten. Betätigt man die Leiste, verände das „Magnetfeld" = Alarm.

- **Notrufcodierungen** werden meist an Kassen vorgenommen. In die elektronische Kasse wird ein bestimmter Zahlencode programmiert. Drückt man diese Zahl = Alarm.

9.3.1.3 Brandmeldeanlagen

Brandmeldeanlagen (BMA) sind Gefahrenmeldeanlagen, die dazu dienen, Brände frühzeitig zu erkennen und zu melden. Über zusätzliche Schalt- und Steuerungsfunktionen können Brandschutztüren geschlossen, Klimaanlagen abgeschaltet oder Löschanlagen ausgelöst werden. Sie arbeiten selbsttätig (dauerhaft „scharf" geschaltet) und sind in ihrer Funktionsweise an die Eigenschaften des Feuers (Rauch, Flammen, Wärme) angepasst:

a) **Rauchmelder** sind dazu vorgesehen, Rauchpartikel zu erkennen und entsprechende Informationen an die Meldezentrale zu senden. Es werden zwei Funktionsarten unterschieden:
   - der **Streulichtmelder** (auch optischer Rauchmelder – eine Lichtquelle sendet Strahlen aus, die im Normalfall **nicht** auf die lichtempfindliche Fotodiode des Melders treffen können; dringt Rauch in den Melder, werden die Sichtstrahlen reflektiert („gestreut") und gelangen an die Fotodiode = Alarm).
   - der **Ionisationsmelder** (enthält zwei Metallplättchen, die durch einen Stromkreis verbunden sind; eines der Metallplättchen trägt eine schwache radioaktive Strahlenquelle, wodurch ein messbarer Ionenstrom entsteht. Tritt Rauch in die „Messkammer" des Melders ein, erfolgt eine Aufladung der Rauchpartikel durch Anlagerung von Ionisationsladungen. Die geringe Driftgeschwindigkeit dieser Gebilde sowie die Ladungsrekombination (= Wiedervereinigung verschieden geladener Ionen zu neutralen Gebilden) führen zu einer Reduzierung des Ionenstroms = Alarm).

b) **Flammenmelder** reagieren auf infrarote und ultraviolette Strahlen, die von flackernden Flammen ausgehen und für das menschliche Auge nicht sichtbar sind.
   Infrarotflammenmelder gibt es als aktive oder passive Melder:
   - **Aktive** Infrarotflammenmelder arbeiten wie Infrarot-Lichtschranken: Flammen, aber auch Rauch verändern den Infrarotstrahl, der am Empfänger ankommt = Alarm.
   - **Passive** Infrarotflammenmelder reagieren auf die infrarote Strahlung der Flammen, die von einer Fotodiode aufgenommen wird. Damit es keine Verwechslungen mit Wärmequellen gibt (z. B. Heizung), ist der Melder für eine bestimmte Frequenz ausgelegt (das sogenannte „Flackersignal").

Der **Ultraviolett-Flammenmelder** funktioniert nach einem ähnlichen Prinzip wie der passive Infrarotflammenmelder. Er ist auch zum Einsatz an Außenanlagen geeignet, z. B. für Tankanlagen.

c) **Wärmemelder** (auch thermische Melder) lösen Alarm aus, wenn sie eine bestimmte Temperaturerhöhung registrieren. Zu den Wärmemeldern gehören:
   - **Thermomaximalmelder** (auch Wärmemaximalmelder) lösen bei Erreichen einer bestimmten – vorher eingestellten – Temperatur Alarm aus (z. B. 72 °C).
   - **Thermodifferenzialmelder** (auch Wärmedifferentialmelder) reagieren auf einen – vorher eingestellten – Temperaturanstieg pro Zeiteinheit (z. B. 2 °C/min.).

     Differenzialmelder können zusätzlich mit einem Maximalkontakt ausgestattet sein (kombinierter Melder), der bei einer Höchstgrenze Alarm auslöst, falls die Temperatur langsamer ansteigt.

9.3.2 Videoüberwachung

Videoüberwachungsanlagen (Fernsehüberwachungsanlagen) werden sowohl zur Freigeländeüberwachung eingesetzt als auch im Innenbereich (Raumüberwachung). Die wesentlichen Bestandteile einer solchen Anlage sind: die Videokamera zur Bildaufnahme, das Bildübertragungssystem und der Monitor zur Bildwiedergabe.

Die **Bildaufnahme** erfolgt hauptsächlich über Kameras mit CCD-Bildsensoren (CCD = Charge Coupled Device = ladungsgekoppeltes Bauteil).

Die **Bildübertragung** kann über Koaxial-Kabelverbindungen, Fernmelde-Kabelverbindungen (Zweidrahtverbindungen), Lichtwellenleiter-Verbindungen, aber auch digital mittels Modem und Datennetzwerk erfolgen.

Zur **Bildwiedergabe** werden Monitore verwendet. Eine Kameraaufnahme wird als Signal verschlüsselt übertragen. Sie erscheint im Monitor als optisches Bild. Auf dem Bildschirm erfolgt sozusagen die „Rückumwandlung" eines elektrischen Signals.

Abhängig vom Einsatzzweck oder Umfang der Fernsehüberwachungsanlage können zusätzliche Einrichtungen sinnvoll oder notwendig sein: Mithilfe der **Bildverteilung** ist es möglich, die Aufnahme einer Kamera an mehrere Monitore weiterzugeben (**Videoverteiler**). Sollen mehrere Kameras auf einen Monitor geschaltet werden, benötigt man einen **Videoumschalter**. Die Umschaltung kann automatisch (nach Zeittakt) oder auch manuell vorgenommen werden. Durch Koppelung der Videotechnik mit einer Gefahrenmeldeanlage ist das gezielte Zuschalten der Kamera im Ereignisbereich möglich. Komplexe Anlagen steuern die Umschaltung mittels **Videokreuzschiene**. Das „Bild-im-Bild-Verfahren" und die Splitting-Methode (**Bildsplitting**) ermöglichen es, auf einem Monitor Aufnahmen mehrerer Kameras **gleichzeitig** erscheinen zu lassen.

Zur Beweissicherung im Alarmfall ist die **Bildaufzeichnung** hilfreich. Dazu werden verschiedene Geräte benutzt: Der **digitale Bildspeicher** wird eingesetzt, wenn das erste Alarmbild oder die ersten Bilder nach Alarmauslösung (bis zwei Sekunden nach Alarmeingang) gespeichert werden sollen. **Langzeit-Videorecorder** werden verwendet, wenn Vorgänge, die zur Alarmauslösung führen, umfassend aufgezeichnet werden sollen. Die Aufnahmekapazität dieser Geräte kann bis zu 1.000 Stunden reichen. **Videoprinter** (Printer = Drucker) ermöglichen es, in wenigen Sekunden ein bestimmtes Monitorbild auszudrucken. Dieses Bild kann als Beleg dienen, z. B. als Ergänzung eines Protokolls über ein Ereignis (Alarmauslösung).

9.3.3 Zutrittskontrollsysteme

Unter einem **Zutrittskontrollsystem** (Zugangskontrollsystem) versteht man ein elektronisches Hilfsmittel, das in Verbindung mit mechanischen Sicherungen wie Drehkreuzen, Drehtüren oder Drehschleusen selbsttätig den Zugang zu Objekten oder ausgewählten Bereichen regelt. Die grundsätzlichen Aufgaben eines Zutrittskontrollsystems bestehen darin, Personenbewegungen zu überwachen/kontrollieren, Personen zu identifizieren, Zugangsberechtigungen zu überprüfen und Alarm auszulösen (wenn Normabweichungen festgestellt werden).

Aus den Aufgaben eines Zutrittskontrollsystems lässt sich folgender prinzipieller Aufbau ableiten: Leseeinheit, Auswerteeinheit mit Datenspeicher (Zentraleinheit), Bildschirm mit Tastatur, Alarmgeber (akustisch/optisch), (ggf.) Protokolldrucker.

Die Zutrittskontrolle erfolgt über die Identifikation von Personen. Dafür gibt es verschiedene Methoden und Systeme: **PIN-Code-Eingabe** (spezielle Zahlenkombination), **berührungslose Identifikationssysteme** (Berechtigungskarte mit „Minisender"), **biometrische Systeme** (z. B. Porträtvergleich, Handgeometriemessung, Stimmerkennung, Fingerabdruckerkennung, Unterschriftenvergleich oder Augenhintergrunderkennung) sowie **Ausweis-Lesesysteme** (ein codierter Ausweis/„Karte" mit bestimmten Daten zur Person, z. B. Personalnummer, örtliche und zeitliche Zutrittsberechtigung, Gültigkeitsdauer wird über ein Lese-Auswertesystem „gelesen"). Für die Ausweise kommen folgende Codierungen in Betracht:

– **Magnetstreifencodierung** (Plastikkarte mit Magnetstreifen),

- **Wiegand-Codierung** (elektromagnetischer Ausweis mit kleinen Magneten an bestimmten Stellen des Ausweises),
- **Infrarotcodierung** (infrarot-durchlässige „Trägerfolie“ im Ausweis),
- **induktive Codierung** (Metallfolie mit „Codierungslöchern“ im Ausweis),
- **elektronische Codierung** („Chip-Ausweis“).

Es gibt drei Grundarten von Ausweislesern: **Einsteckleser** (Karte wird in den Leser gesteckt), **Durchzugleser** (Karte wird manuell in einer Führungsschiene am Lesekopf vorbeigeführt), **Einzugleser** (ein kleiner Motor zieht die Karte zum Lesen ein).

Es wird unterschieden zwischen **Offline-Anlagen** („stand-alone-betrieben“ – die Daten sind im Lesegerät „hinterlegt“) und **Online-Anlagen** (vernetzte Zugangskontrollsysteme – Daten sind im Zentralrechner „hinterlegt“).

9.4 Brandschutz

Brandverhütung ist aufgrund der Gefahren, die vom Feuer ausgehen, ein wichtiges Anliegen unseres Gemeinwesens. Der Brandschutz verfolgt daher das **Ziel**, Menschen und Sachwerte vor Bränden zu schützen, d.h. die Entstehung von Bränden zu verhüten, die Ausdehnung entstandener Brände zu verhindern sowie ausgebrochene Brände wirksam zu bekämpfen.

Der Brandschutz ruht auf zwei Säulen:

1. vorbeugender Brandschutz (ihm ist – als spezielles Gebiet – der vorbeugende bauliche Brandschutz zuzuordnen),
2. abwehrender Brandschutz.

9.4.1 Vorbeugender Brandschutz

Der vorbeugende Brandschutz erstreckt sich auf Maßnahmen zur Verhinderung eines Brandausbruches und einer Brandausweitung sowie zur Sicherung der Rettungswege. Darüber hinaus schafft er Voraussetzungen für einen wirkungsvollen abwehrenden Brandschutz.

Außer den baulichen Maßnahmen (vorbeugender baulicher Brandschutz) umfasst der vorbeugende Brandschutz technische und organisatorische (inkl. personelle) Maßnahmen.

9.4.1.1 Baulicher Brandschutz

Bauliche Brandschutzmaßnahmen umfassen die Vorsorge gegen Brände mittels geeigneter Architektur sowie der Verwendung von widerstandsfähigen Baustoffen, Bauteilen und Bauarten. Das Brandverhalten von Bauteilen wird durch die Feuerwiderstandsdauer gekennzeichnet und in entsprechende **Feuerwiderstandsklassen** eingeteilt (z. B. Tür „F 60“ = die Tür bietet einem Feuer 60 Minuten Widerstand).

Gebäude werden aus Feuerschutzgründen in **Brandabschnitte** unterteilt, die im Brandfall das Ausweiten des Feuers zeitlich verzögern. Dies kann mittels feuerbeständiger Geschossdecken, **Brandwänden**, (Brandmauern) u. Ä. geschehen.

Feuerschutzabschlüsse sind in Brandwände u. Ä. eingebaute selbstschließende Türen oder andere selbstschließende Vorrichtungen (z. B. Tore, Rollladen, Klappen), die dem Zweck dienen, das „Durchgehen“ von Feuer und Rauch durch Öffnungen (in Wänden oder Decken) zu verhindern.

Rettungswege müssen in ausreichender Anzahl vorhanden sein. Anordnung, Abmessung und Ausführung der Rettungswege müssen sich nach der Nutzung, Einrichtung und den Grundflächen der Räume sowie nach der Anzahl der in den Räumen vorhandenen Personen richten. Rettungswege müssen auf kurzem Weg ins Freie oder in einen gesicherten Raum führen. Das gilt auch für **Notausgänge**. Rettungswege und Notausgänge sind zu kennzeichnen. Diese Kennzeichnung muss auch bei Dunkelheit erkennbar sein.

Hinweis:
Das Sicherheitspersonal muss im Streifendienst kontrollieren, ob Feuerschutztüren schließen können (also nicht verkeilt sind) und ob Rettungswege sowie Notausgänge passierbar sind. Notausgänge müssen von jedermann zu jeder Zeit ohne Hilfe in Fluchtrichtung geöffnet werden können und dürfen nicht verstellt sein.

Steigleitungen sind fest verlegte (eingebaute) Rohrleitungen für Löschwasser (Löschwasserleitungen). Sie sind mit Feuerlöschventilen ausgerüstet, die im Bedarfsfall geöffnet werden können. Sie werden unterschieden in **trockene** Steigleitungen (die zum „Einspeisen“ von Löschwasser durch die Feuerwehr dienen) und in **nasse** Steigleitungen (die ständig unter Wasserdruck stehen – z. B. für Wandhydranten).

9.4.1.2 Technische Maßnahmen

Die technischen Maßnahmen des vorbeugenden Brandschutzes schaffen die notwendigen Voraussetzungen, um die im Brandfall gefährdeten Personen zu warnen, die Feuerwehr zu alarmieren sowie den Brand zu bekämpfen. Dazu sind Geräte, technische Einrichtungen und Anlagen erforderlich, die vorbeugend bereitgehalten, angebracht oder eingebaut werden (z. B. Brandmeldeanlagen, Warn- und Alarmierungsanlagen, Rauch- und Wärmeabzüge, Löschwasserversorgung/-entsorgung und Feuerlöscheinrichtungen).

Warn- und Alarmierungsanlagen (auch bezeichnet als Alarmeinrichtung, Alarmanlage oder Warneinrichtung) sind Einrichtungen oder Anlagen innerhalb von Gebäuden oder auf Grundstücken, mit denen Personen vor einer drohenden Gefahr gewarnt oder zur Abwehr von Gefahren aufgerufen werden. **Warnsignale** machen auf eine entstehende Gefahr aufmerksam und enthalten die Aufforderung, Maßnahmen zur Verringerung der Gefahr zu treffen. **Notsignale** machen auf einen beginnenden oder vorhandenen Notzustand aufmerksam und fordern Personen auf, den Notzustand zu beseitigen oder den Gefahrenbereich zu verlassen.

Rauch- und Wärmeabzüge geben im Brandfall Öffnungen frei, die der natürlichen Ableitung von Rauch und Brandgasen oder der „maschinellen" Entrauchung dienen. Sie werden im Brandfall automatisch oder manuell betätigt.

9.4.1.3 Organisatorische Maßnahmen

Mithilfe der **organisatorischen Maßnahmen** des vorbeugenden Brandschutzes wird eine Systematik des Brandschutzes (z. B. Handlungsabläufe für den Gefahrenfall und spezielle Verhaltensregeln) geschaffen. Dazu gehören:
- Erarbeitung von Brandschutzplänen und Brandschutzordnungen,
- Erstellen von Betriebsanweisungen für den Umgang mit Gefahrstoffen sowie für das Erledigen feuergefährlicher Arbeiten,
- Einrichten von Raucherplätzen und Bereitstellen von Behältern für die „Glutentsorgung",
- Installation der Sicherheitskennzeichnung gemäß ASR A1.3 bzw. DGUV Vorschrift 9,
- Wartung der Löschanlagen sowie Meldesystemen u. a. m.

Personelle Maßnahmen des vorbeugenden Brandschutzes können sein:
- Bekanntmachung der Brandschutzordnung durch Unterweisung des Personals,
- Übung des richtigen Verhaltens (z. B. bei Gebäuderäumung),
- Einweisung von Personal (z. B. Security-Kräfte) in spezielle Aufgaben (z. B. Alarmierung),
- Unterweisung in die Handhabung von Löschgeräten,
- Bestellung von Brandschutzbeauftragten,
- Durchführung von Brandschutzkontrollen u. a. m.

9.4.2 Abwehrender Brandschutz

Der **abwehrende Brandschutz** verfolgt den Zweck, Schäden durch Feuer abzuwenden oder zu begrenzen. Er umfasst alle Maßnahmen, die durchgeführt werden müssen, um Gefahren abzuwehren, die durch ein Schadenfeuer entstehen. Dazu zählen: Maßnahmen zur sofortigen Brandentdeckung, Feststellung des Brandortes, Maßnahmen zur Bekämpfung des Brandes sowie zur Rettung von Menschen und Sachwerten.

9.4.2.1 Grundlagen der Brandbekämpfung

Die **Verbrennung** ist ein chemischer Vorgang, bei dem sich ein Stoff mit Sauerstoff verbindet (Oxidation). Infolge dieser chemischen Reaktion kommt es in den meisten Fällen zu einer Licht- und Wärmeentwicklung. Das **Feuer** ist eine sichtbare Begleiterscheinung von Verbrennungsvorgängen. Je nach Beschaffenheit des brennbaren Stoffes tritt es als **Flamme** oder in Form von **Glut** auf.

Der Verbrennungsvorgang ist an vier Voraussetzungen gebunden, die gleichzeitig zusammentreffen müssen: a) Vorhandensein eines brennbaren Stoffes, b) Sauerstoff (Luft), c) das richtige Verhältnis von a und b, d) die erforderliche Zündtemperatur (Zündquelle).

Die brennbaren Stoffe werden in Brandklassen eingeteilt. Durch diese Einteilung ist es möglich, dem jeweils brennenden Stoff das entsprechende Löschmittel zuzuordnen:

Brandklasse	Definition	Beispiele	Geeignete Löschmittel
A	Brände fester Stoffe; Verbrennen normalerweise unter Glutbildung	Holz, Kohle, Stroh, Autoreifen, Textilien u. a.	Wasser, Schaum, Speziallöschpulver (ABC-Pulver)
B	Brände flüssiger oder flüssig werdender Stoffe	Öle, Fette, Benzin, Lacke, Teer, Harze, Wachse u. a.	Schaum, Pulver, CO_2, Inergen
C	Brände von Gasen	Wasserstoff, Acetylen, Propan, Stadtgas u. a.	Pulver, CO_2, Inergen
D	Brände von Metallen	Aluminium, Magnesium, Lithium u. a. sowie deren Legierungen	Sonderlöschpulver (D-Pulver)
F	Fettbrände	Speiseöle/-fette in Frittier- und Fettbackgeräten	Spezialschaum, CO_2, Pulver

Die **Löschwirkung** ergibt sich aus folgenden Effekten:

Stickeffekt: Der brennbare Stoff wird von der Sauerstoffzufuhr abgeschirmt. Damit wird das Verhältnis zwischen brennbarem Stoff und Sauerstoff gestört.

Kühleffekt: Die bei der Oxidation entstehende Wärmeenergie wird durch Abkühlung des brennbaren Stoffes unter die Mindestverbrennungstemperatur gesenkt.

Inhibitionseffekt: Das Löschmittel greift direkt in den Reaktionsablauf ein, d. h. der Verbrennungsvorgang wird gestört – auch „Hemmeffekt".

> **Hinweis:**
> Kein Löschmittel wirkt völlig einseitig nur abkühlend oder erstickend. Daher muss man zwischen Haupt- und Nebenwirkung unterscheiden.

9.4.2.2 Brandbekämpfung

Als **Handlungsgrundsatz für die Brandbekämpfung** gilt:
MELDEN, RETTEN, BEKÄMPFEN!

Die sofortige **Meldung** ist wichtig für die Eigensicherung und das unverzügliche Alarmieren von Hilfskräften (z. B. Feuerwehr). **Menschenrettung** geht vor Brandbekämpfung. Allerdings darf dabei kein unvertretbares Risiko eingegangen werden. Das **Bekämpfen** das Brandes hat so lange zu erfolgen, bis das Feuer gelöscht ist, die Feuerwehr eintrifft oder das Ausmaß des Brandes zum Rückzug zwingt.

Für die Bekämpfung von Entstehungsbränden stehen gewöhnlich sogenannte Kleinlöschgeräte zur Verfügung (Einstellspritzen, Kübelspritzen, Schlauchlöschgeräte, Feuerlöscher). Hauptsächlich kommen Feuerlöscher zum Einsatz. Dabei gelten folgende **Grundregeln**:
- Feuer stets **mit** der Windrichtung angreifen,
- Flächenbrände **von vorn** beginnend löschen,
- Tropf- und Fließbrände **von oben** nach unten löschen,
- ggf. mehrere Löscher **gleichzeitig** einsetzen (nicht nacheinander),
- Gefahr der **Rückzündung** beachten („Brandwache"),
- benutzte Feuerlöscher nicht wieder aufhängen, sondern der Befüllung zuführen.

Feuerlöscher sind mit verschiedenen Löschmitteln gefüllt (z. B. Wasser, Schaum, Pulver oder CO_2) und entsprechend gekennzeichnet (siehe auch Tabelle „Brandklassen"). Weitere (auch behelfsmäßige) Löschmittel können sein: Erde, Sand, Graugussspäne und Salz. Zur Brandbekämpfung können –

abhängig von den Bedingungen – ebenfalls andere Hilfsmittel wie (Lösch-) Decken usw. eingesetzt werden.

Feuerlöschanlagen sind Einrichtungen des abwehrenden Brandschutzes. Zugleich können sie den technischen Maßnahmen des vorbeugenden Brandschutzes zugeordnet werden. Die Bezeichnung der Anlagen ergibt sich in der Regel aus dem verwendeten Löschmedium (z. B. Kohlendioxid-Löschanlagen, Pulverlöschanlagen, Schaumlöschanlagen oder Sprühwasserlöschanlagen) oder aus ihren Funktionsprinzip (z. B. Sprinkleranlagen).

9.5 Technische Kommunikation

Technische Kommunikationshilfen sind wichtige Einsatzmittel für die Sicherheitsdienste. Zwei Arten von **Kommunikationswegen** werden unterschieden: leitungsgebundene und nicht leitungsgebundene.

Die **leitungsgebundene „drahtgebundene" Kommunikation** (z. B. Telefon, Fax, Gegensprechanlagen, Wechselsprechanlagen, Fernschreiber, Video-Bildübertragungsanlagen, Online-Netze zur Datenübermittlung) erfolgt über Kabel (symmetrische Kabel, Koaxialkabel, Lichtwellenleiterkabel). Ihre Vorteile sind: Übertragung ohne atmosphärische Störungen sowie wenig Möglichkeiten des Abhörens und Mithörens. Die Nachteile bestehen darin, dass ein stationäres Netz erforderlich ist (hoher Aufwand) und der Dialog nur von fest vorgesehenen „Sprechstellen" geführt werden kann.

Vorteile der **nicht leitungsgebundenen „drahtlosen" Kommunikation** (z. B. Betriebsfunk, Mobilfunknetze wie D1, E-plus..., Bündelfunk, Personenrufanlagen) sind: ein relativ geringer Aufwand, die Verbindungsaufnahme von jedem Punkt innerhalb der Reichweite und der ständige Informationsaustausch (aktuelle Informationen). Nachteile dieser Kommunikation sind: Mithörmöglichkeiten für andere; atmosphärische Störungen; Störungen durch Mehrfachbenutzung der Frequenzen (Mehrfachbelegung).

Der **Betriebsfunk** regelt den Funkverkehr zwischen beweglichen und ortsfesten Funkanlagen oder zwischen beweglichen Funkanlagen untereinander. Zu den **erlaubnispflichtigen** Teilnehmern gehören Behörden und Organisationen, Industriebetriebe, Speditionen sowie Taxiunternehmen. Jeder Funkstelle wird ein Rufzeichen zugeteilt. Mit diesem meldet sich der Benutzer der Funkstelle. Im Wesentlichen sind drei Arten von Funkgeräten anzutreffen: Feststationen (= ortsfeste Anlagen), Fahrzeugfunkgeräte (= mobile Anlagen) und Handfunksprechgeräte (= mobile Anlagen).

Bündelfunk ist sozusagen ein erweiterter Betriebsfunk, bei dem Anwender und Netzbetreiber nicht zum gleichen „Betrieb“ gehören. Als Netzbetreiber fungieren private Anbieter (z. B. Telekom).

Feststationen sind ortsfeste Geräte. Sie befinden sich gewöhnlich in der Einsatzzentrale (Leitstelle) und schaffen die Verbindung zwischen den Leitungskräften und dem eingesetzten Personal.

Fahrzeugfunkgeräte werden in die Fahrzeuge eingebaut (ähnlich dem Autoradio). Sie unterscheiden sich vom Handfunksprechgerät vor allem durch die andere Stromversorgung (Autobatterie), das andere Gehäuse und das Handbedienteil (in der Regel mittels Spiralkabel mit dem Gerät verbunden).

Das **Handfunksprechgerät** gehört zu den wichtigsten Hilfsmitteln für Sicherheitsdienstleister. Vor allem im Streifendienst ist es unentbehrlich. Mithilfe der Grundfunktionen Empfangen (Hören), Senden (Sprechen), Rufen (Aufgabe von Signalen) ist es möglich, sowohl einzelne Mitarbeiter als auch Gruppen schnell und gezielt anzusprechen. Handfunksprechgeräte bestehen aus folgenden Bauteilen: schlagfestes Gehäuse, Stromversorgung (Akku), Antenne, Sende- und Empfangsteil sowie Bedienteil mit An-/Ausschalter, das zugleich über Lautstärkeregler, Mikrofon, Lautsprecher, Sende-, Ruf- und Notruftaste verfügt).

Bei der Übernahme eines Handfunksprechgerätes (z. B. vor Dienstbeginn) ist Folgendes zu überprüfen:
- äußerer Zustand (sichtbare Schäden),
- fester Sitz der Antenne,
- Ladezustand der Akkus und deren fester Sitz,
- Frequenzeinstellung (wenn verstellbar),
- Funktion der Rauschunterdrückung (Rauschsperre),
- Sprechprobe (Funktion der Sprechtaste und des Senders/Empfängers),
- ggf. Funktion der Totmannschaltung oder anderer Zusatzeinrichtungen.

Funkgespräche müssen diszipliniert ablaufen und einen **klaren** Dialog gewährleisten. Alle überflüssigen Worte sollten vermieden werden.

Wenngleich sich hier und da individuelle Gesprächsformen eingebürgert haben, ist es empfehlenswert, folgende **Grundsätze für den Funksprechverkehr** zu beachten:
- Anrede immer mit „Sie“,
- keine Höflichkeitsfloskeln wie „bitte“ oder „danke“,
- Gespräche so kurz wie möglich, aber so lange wie nötig,
- keine wichtigen Daten, Namen, Objektbezeichnungen im Klartext senden,
- Zahlen unverwechselbar aussprechen,

- deutlich, nicht zu laut und nicht zu schnell sprechen,
- keine unüblichen Abkürzungen verwenden (nur bei Verschleierung),
- schwer verständliche Worte ggf. buchstabieren.

Beachte:
Bei Funksprechgeräten im Einkanalsystem (Simplex) ist nach dem Sprechen die Sprechtaste loszulassen, sonst ist der Kanal blockiert und die Gegenstelle kann nicht senden!

Eine **Gesprächseröffnung** erfolgt durch den Anruf, wenn gesichert ist, dass **kein anderer** Teilnehmer auf dem Kanal spricht. Der Anruf besteht aus:
- dem Rufnamen der Gegenstelle,
- dem Wort „von“,
- dem eigenen Rufnamen und
- der Aufforderung, „kommen“.

Beispiel:
„Rabe 12 – von Rabe 10 – kommen.“

Das Wort KOMMEN ist im Wechselsprechverkehr (Simplex) äußerst wichtig, denn es signalisiert dem Gesprächspartner, dass der Kanal nun für ihn frei ist.

Eine hohe Gesprächsdisziplin (Funkdisziplin) ist unverzichtbar. Dies gilt vor allem in Gefahrenlagen. Wer im alltäglichen Funkbetrieb undiszipliniert handelt, wird in besonderen Situationen nicht plötzlich anders verfahren. Deshalb muss **ständig** auf eine exakte Gesprächsabwicklung geachtet werden.

Im praktischen Einsatz kann die Qualitat der Funkverbindungen trotz geringer Entfernung beeinträchtigt sein. Dafür gibt es verschiedene Ursachen: Empfängerrauschen (entsteht durch die Funktion des Gerätes selbst), atmosphärische Störungen (gelangen über die Antenne in den Empfänger) oder Störungen durch elektrische Anlagen (ebenfalls über Antenne).

In einem **Funkschatten** ist das Senden und Empfangen entweder nicht möglich oder stark eingeschränkt. Funkschatten können durch die Beschaffenheit des Geländes, die Bebauung des Geländes oder Abschirmungen (z.B. innerhalb von Stahlkonstruktionen u.Ä.) entstehen. Abhilfe schafft vor allem ein Standortwechsel.

Zur **Absicherung** von Personen, die allein mit gefährlichen Arbeiten beschäftigt sind, können Hilfsmittel verwendet werden (Signalgeber). Zu diesem Zweck wurden **Funk-Personen-Sicherungsanlagen** entwickelt. Diese sollen bei Bedarf eine Hilfe leistende Stelle alarmieren. Sie funktionieren **willensabhängig**, d.h., der Alarm wird von der gefährdeten Person bewusst ausgelöst (Druckalarm), oder **willensunabhängig**, d.h., der Alarm wird auch dann ausgelöst, wenn die gefährdete Person dazu nicht mehr in der Lage ist (Lagealarm, Ruhealarm, Fluchtalarm oder Zeitalarm):

- **Druckalarm** (befindet sich der Sicherheitsmitarbeiter in einer Gefahrensituation, drückt er eine Taste am Signalgeber und löst somit den Alarm aus),
- **Lagealarm** (die Alarmauslösung erfolgt aufgrund einer bestimmten Körperlage, z.B. Neigungswinkel = „Totmannschalter"),
- **Ruhealarm** (der Alarm wird ausgelöst, wenn sich der Körper nicht mehr bewegt, d.h. sich in einer Ruhelage befindet),
- **Fluchtalarm** (die Alarmauslösung erfolgt durch hektische Körperbewegungen wie Rennen oder Befreiungsversuche aus einer kritischen Lage),
- **Zeitalarm** (die abgesicherte Person muss in bestimmten Zeitabständen eine Taste am Signalgeber drücken; bleibt diese „Meldung" aus, wird der Alarm ausgelöst).

9.6 Leitstellen

Die Leitstelle (Alarm- und Einsatzzentrale) ist ein wichtiges Kommunikationszentrum. Hier werden alle Informationen über die Tätigkeit der Sicherheitsmitarbeiter aufgenommen, gehen Alarme ein, werden Ereignisse erfasst, Informationen bereitgestellt, Nachrichten verarbeitet und Abläufe dokumentiert.

Die technische Ausstattung einer Notruf- und Serviceleitstelle (NSL) richtet sich nach Art und Umfang der zu bewältigenden Aufgaben. Sie muss den Forderungen des Verbandes der Schadensversicherer e. V. (VdS) entsprechen.

In einer Leitstelle können folgende Ereignisse „eingehen": Alarme, Meldungen der Eingreifkräfte, Gefahrenmeldungen, Notrufe, Bombendrohungen, Anzeigen von Grenzwertüberschreitungen bei technischen Anlagen u.a. Die Erfassung derartiger Ereignisse erfordert bestimmte technische Voraussetzungen wie Telefone, Telefax, Computersysteme (E-Mail- und/oder internetfähig), Betriebsfunk, Direkt-Notrufleitungen, Gefahrenmeldeanlagen und Fernsehmonitore.

Neben Kenntnissen zur sicheren Handhabung der Technik brauchen Sicherheitsmitarbeiter für ihre Tätigkeit in der Alarm- und Einsatzzentrale verschiedene Informationen. Dazu gehören: Alarmpläne mit den erforderlichen Handlungsabläufen sowie den zu alarmierenden Personen und/oder Stellen; Hinweise zur Bedienung technischer Einrichtungen und Anlagen;

Angaben über Adressen- und Telefonverzeichnisse; örtliche Gefahrenstellen; Daten über Gefahrstoffe u. a. m. Als Informationsträger stehen zur Verfügung: elektronische Datenspeicher, Computer-Checklisten, Karteien, Lagepläne und Geländezeichnungen, Anfahrts- und Gebäudepläne u. Ä.

Nachrichten sind von der Leitstelle in erster Linie mit den im Einsatz befindlichen Sicherheitsmitarbeitern auszutauschen, aber auch mit Hilfs- und Rettungskräften. Nicht selten sind auch Mitarbeiter zwecks Störungsbeseitigung zu informieren. Bei Bombendrohungen oder Katastrophenfällen ist die Belegschaft mithilfe geeigneter und festgelegter Mittel zu warnen. Dafür können Betriebsfunk, Telefon, Personenrufanlagen, Lautsprecheranlagen, Räumungssignalgeber oder/und Gegensprechanlagen eingesetzt werden.

Für die Beweissicherung und **Protokollierung** aller Vorgänge in der Alarm- und Einsatzzentrale müssen eingehende Meldungen und Alarme präzise und fehlerfrei erfasst werden. Für eine derartige **Dokumentation** stehen z. B. Protokolldrucker, Uhrenanlage, Tonbandgerät, Videoaufzeichnungsgerät, Messwertschreiber u. Ä. zur Verfügung.

10. Praktische Hinweise zur Sachkundeprüfung

10.1 Allgemeine Hinweise

Mit der Sachkundeprüfung soll festgestellt werden, ob die betroffenen Personen Kenntnisse über die zur Ausübung von Bewachungstätigkeiten notwendigen Rechtsvorschriften, fachspezifischen Pflichten und Befugnisse sowie über deren praktische Anwendung in solch einem Umfang besitzen, dass ihnen das eigenverantwortliche Wahrnehmen derartiger Wachaufgaben erfolgreich möglich ist. Damit wird deutlich, dass **alle** in diesem Buch genannten Themenbereiche Gegenstand der Prüfung sein können. Da die Bewachungsverordnung in § 5 Abs. 1 Ziff. 4 aber festlegt, dass die „erfolgreich abgelegte Sachkundeprüfung" zugleich als „Unterrichtungsnachweis" (auch für künftige Gewerbetreibende) **anerkannt** wird, sind auch Fragen in die Prüfung eingeflossen, die über das „Wahrnehmen von Wachaufgaben" hinausgehen.

> **Hinweis:**
> Es können Fragen auftauchen (besonders in der schriftlichen Prüfung), die auf die Tätigkeit des Gewerbetreibenden im Bewachungsgewerbe zielen. Daher sollten diese Themen bei der Vorbereitung **nicht** ausgespart werden.

Die Sachkundeprüfung besteht aus einer schriftlichen und einer mündlichen Prüfung. Beide werden mit Punkten bewertet. Zur mündlichen Prüfung ist nur zugelassen, wer in der schriftlichen Prüfung mindestens 50 % der möglichen Gesamtpunktzahl erreicht hat.

> **Hinweise:**
> 1. Es gibt keine Zensuren, nur „bestanden" oder „nicht bestanden".
> 2. Wer in der schriftlichen Prüfung nicht mindestens 50 % der Gesamtpunktzahl erreicht hat, muss sich zur Sachkundeprüfung erneut anmelden und die Gebühren (derzeit etwa 150 €) noch einmal entrichten.
> 3. Wer die schriftliche Prüfung bestanden, aber die mündliche Prüfung **nicht** bestanden hat, muss nur die mündliche Prüfung wiederholen (Gebühr derzeit etwa 90 €).

Nicht bestandene Prüfungen können beliebig oft wiederholt werden. Vor jeder Wiederholung ist jeweils die ordnungsgemäße Anmeldung bei der jeweiligen IHK notwendig. Prüfungswiederholungen finden nicht außer der Reihe, sondern zu den von der Kammer anberaumten Prüfungsterminen statt.

Hinweis:
Beachten Sie, dass nicht bei jeder IHK eine Sachkundeprüfung abgelegt werden kann.
Für alle, die sich zur Prüfung angemeldet haben und vor deren Beginn durch schriftliche Erklärung von der Prüfung zurücktreten, gilt sie als nicht abgelegt.

Für jene, die **nach** Beginn der Prüfung zurücktreten oder ohne wichtigen Grund nicht teilnehmen, gilt die Prüfung als nicht bestanden. Über das Vorliegen eines wichtigen Grundes (z. B. Wegeunfall auf der Fahrt zur IHK) entscheidet der Prüfungsausschuss.

Hinweis:
Da zu Beginn einer jeden Prüfung die Identität der Teilnehmer festgestellt wird, ist stets ein gültiges Personaldokument mitzuführen (z. B. Ausweis, Reisepass).

10.2 Schriftliche Prüfung

Die schriftliche Sachkundeprüfung ist eine bundeseinheitliche Prüfung. Das bedeutet, alle prüfenden Kammern führen die schriftliche Sachkundeprüfung **am gleichen Tag** durch. Dies ist derzeit (im Regelfall) der dritte Donnerstag eines jeden Monats, sofern dieser nicht auf einen Feiertag fällt.

Hinweis:
Die Prüfungstermine erhalten Sie auf Nachfrage bei der prüfenden IHK.

Für die schriftliche Prüfung ist eine Dauer von 120 Minuten vorgesehen. In diesem Zeitraum sind für gewöhnlich 72 Aufgaben zu lösen (Ankreuzen vorgegebener Lösungsmöglichkeiten = Multiple-Choice-Verfahren). Mit der vollständigen und richtigen Lösung sind 100 Punkte erreichbar. Diese sind folgendermaßen auf die einzelnen Sachgebiete verteilt:

– Recht der öffentlichen Sicherheit und Ordnung	4 Fragen/08 Punkte
– Gewerberecht	4 Fragen/04 Punkte
– Bewachungsspezifische Aspekte des Datenschutzes	4 Fragen/04 Punkte
– Bürgerliches Gesetzbuch (Zivilrecht)	12 Fragen/24 Punkte
– Straf- und Verfahrensrecht	12 Fragen/24 Punkte
– Umgang mit Verteidigungswaffen	4 Fragen/04 Punkte
– Unfallverhütungsvorschriften	8 Fragen/08 Punkte
– Umgang mit Menschen	16 Fragen/16 Punkte
– Grundlagen der Sicherheitstechnik	8 Fragen/08 Punkte

Die Prüfungsteilnehmer erhalten jeweils den Aufgabensatz und sogenannte Auswertebögen (Schablonen). In diese Auswertebögen ist die jeweilige Lösung einzutragen (Ankreuzen: z. B.: 1. A, 2. B und E usw.). Einzelne IHK haben sogenannte PC-Klassen eingerichtet, in denen die Prüfungsteilnehmer die schriftliche Prüfung auf elektronischer Basis ablegen können.

Hilfsmittel (Bücher, Aufzeichnungen, Tonträger), aber auch Mobiltelefone, Digitalkameras, Notebooks usw. dürfen **nicht** mit in den Prüfungsraum genommen werden.

Beachte:
Täuschungshandlungen (z. B. Benutzung unerlaubter Hilfsmittel) oder Ordnungsverstöße (z. B. erhebliche Störungen des Prüfungsablaufes) können mit dem Ausschluss von der Prüfung geahndet werden. Die Prüfung kann in derartigen Fällen für nicht bestanden erklärt werden.

Folgende Hinweise sind für den erfolgreichen Ablauf der schriftlichen Prüfung besonders bedeutsam:
- Kontrollieren Sie die Vollständigkeit Ihrer Prüfungsunterlagen. Falls etwas fehlt: Informieren Sie die Aufsicht.
- Lesen Sie die Fragen und die Antwortvorschläge **genau** durch. Achten Sie auf Feinheiten in der Formulierung (das Fehlen eines Wortes, aber auch das Auswechseln der Worte „oder" bzw. „und" können den Sinn so verändern, dass aus „richtig" nunmehr „falsch" wird).
- Aufgaben werden nur dann als richtig bewertet, wenn **alle** richtigen Antworten angekreuzt worden sind. (Beispiele: A und C sind richtig, es wurden C und D angekreuzt = 0 Punkte; B und C sind richtig, es wurde nur B angekreuzt = 0 Punkte).

Hinweis:
Bei jeder Aufgabe ist mindestens eine Lösung richtig. Pro Aufgabe können maximal zwei Lösungen richtig sein.

- Falls Sie eine Frage haben, wenden Sie sich an die Aufsicht – nicht an den Nachbarn. Dadurch geraten Sie nicht unter einen falschen Verdacht.
- Beachten Sie bei jeder Frage das Sachgebiet, zu dem sie gehört. Auf diese Weise können Sie Zweifel an der Richtigkeit besser ausschließen.
- Kreuzen Sie eindeutig an (Kreuze nicht zwischen zwei Felder setzen).
- Sollten Sie sicher sein, dass ein von Ihnen gesetztes Kreuz an der falschen Stelle steht, dann korrigieren Sie den Fehler mit größtmöglicher Eindeutigkeit. Dadurch helfen Sie, Bewertungsfehler zu vermeiden.
- Sehen Sie hin und wieder auf die Uhr, damit Sie sich nicht an einer schwierigen Frage „festbeißen" und am Ende in Zeitnot geraten.

- Falls Sie auf eine scheinbar unlösbare Aufgabe gestoßen sind, überspringen Sie diese und beantworten zuerst die „leichteren“ Fragen.
- Prüfen Sie vor Abgabe Ihrer Unterlagen, ob alle Fragen beantwortet wurden. Sollten übersprungene Aufgaben unbeantwortet bleiben, könnten deren Punkte am Ende fehlen.
- Reicht die Zeit aus, dann lesen Sie Ihre Antworten nochmals kritisch durch. Korrigieren Sie eine Lösung aber nur dort, wo Sie **ganz sicher** sind, dass die erste Antwort falsch war.

Hinweise:
1. Benutzen Sie nur **dokumentenechte** Schreibgeräte (keinen Bleistift) in **Schwarz** oder **Blau**.
2. Füllen Sie alle Formalien korrekt, vollständig und gut lesbar aus (z. B. Name, Prüfungsnummer).

10.3 Mündliche Prüfung

Gegenstand der mündlichen Prüfung sind alle Sachgebiete, die bereits im Zusammenhang mit der schriftlichen Prüfung genannt wurden (s. Kapitel 10.2). Gemäß § 5a Abs. 2 BewachV bilden das **Recht** der öffentlichen Sicherheit und Ordnung (einschließlich Gewerberecht und Datenschutzrecht) sowie der **Umgang mit Menschen**, insbesondere das Verhalten in Gefahrensituationen und Konfliktdeeskalation, besondere Schwerpunkte.

In der mündlichen Prüfung können bis zu fünf Personen gleichzeitig geprüft werden. Für **jede(n)** Prüfungsteilnehmer(in) sollen etwa 15 Minuten Prüfungszeit zur Verfügung stehen. Das bedeutet, wenn der Prüfungsausschuss dies für notwendig erachtet, kann die Prüfung im Einzelfall auch länger dauern.

Auch in der mündlichen Prüfung müssen mindestens 50 Prozent der gestellten Fragen richtig beantwortet werden. Anderenfalls wird die Prüfung mit „nicht bestanden“ bewertet. Je nach Kapazität der Kammer und der Anzahl der Teilnehmer wird die mündliche Prüfung im Anschluss an die schriftliche Prüfung (am gleichen Tag) oder zu einem späteren Zeitpunkt durchgeführt.

Für die mündliche Prüfung sollten folgende Empfehlungen beachtet werden:
- Sorgen Sie dafür, dass Sie beim Prüfungsausschuss möglichst einen guten ersten Eindruck hinterlassen (s. Kapitel 8.1.2).
- Versuchen Sie, Ihren negativen Stress zu beherrschen (s. Kapitel 8.5.3).

- Konzentrieren Sie sich auf die gestellte Frage. Bei Unklarheiten bitten Sie den Prüfer um eine Ergänzung oder Wiederholung usw.
- Beantworten Sie die Fragen möglichst kurz und treffend.
- Vermeiden Sie ausschweifende, nichtssagende Sätze. Nennen Sie stattdessen sachbezogene Fakten.
- Konzentrieren Sie sich (bei Gruppenprüfungen) auch auf Fragen, die der Nachbar erhält. Falls er diese nicht beantworten kann, müssen Sie vielleicht Ihr Wissen präsentieren.

Hinweis:
Die mündliche Prüfung ist kein geeigneter Ort für kontroverse Dispute mit den Ausschussmitgliedern.

Der Prüfungsausschuss in der mündlichen Prüfung besteht meist aus drei oder mehr Prüfern. Zu Beginn wird den Prüfungsteilnehmern ein Formblatt vorgelegt, auf dem durch Unterschrift zu bestätigen ist, dass **keine Einwände** gegen ein Mitglied des Ausschusses bestehen. Sollten Sie **begründete** Befürchtungen haben, dass einer der Prüfer befangen ist, dann dürfen Sie diese Personen ablehnen.

Schlusswort

Die Prüfungsausschüsse an den Industrie- und Handelskammern tragen eine große Verantwortung. Diese ergibt sich aus dem Nutzwert des Zertifikates: Wer die Sachkundeprüfung erfolgreich absolviert hat, ist einerseits berechtigt, spezielle Sicherungstätigkeiten in der Öffentlichkeit auszuüben. Andererseits darf er sogar ein Bewachungsunternehmen aufbauen.

Damit verbindet sich ein hoher Anspruch an die Prüfer. Sie müssen mit gutem Gewissen bescheinigen können: Dieser „Kandidat" erfüllt alle Voraussetzungen, die dem Gesetzgeber wichtig sind.

Mit ihrer gewissenhaften Tätigkeit tragen die Ausschüsse auch zur Sicherheit der geprüften Beschäftigten und Unternehmer im Bewachungsgewerbe bei. Wer nämlich mit ungenügendem Wissen in die Praxis entlassen wird, gerät in die Gefahr, grobe Fehler zu machen, die in den schlimmsten Fällen zu Schadensersatzforderungen und/oder strafrechtlicher Ahndung führen. Daran dürfte keinem gelegen sein.

Für den Einzelnen kommt es darauf an, sich so gut wie nur möglich auf die berufliche oder geschäftliche Tätigkeit vorzubereiten. Dazu gehört vor allem die Aneignung der notwendigen Kenntnisse in einer Qualität, die das erforderliche Wissen sowohl in der Prüfung als auch in der alltäglichen Praxis abrufbar macht.

Es gibt Einzelfälle, in denen die autodidaktische Lernmethode zum Erfolg führt. Die überwiegende Anzahl der Prüfungsteilnehmer ist jedoch gut beraten, sich zumindest durch die aufmerksame Teilnahme am Unterrichtungsverfahren gemäß § 34a GewO und/oder an speziellen Seminaren auf die Sachkundeprüfung vorzubereiten.

Welchen Weg Sie beschreiten, liegt in Ihrer persönlichen Entscheidung. Diese sollte jedoch nicht allein von wirtschaftlichen Erwägungen, sondern vor allem von Verantwortungsbewusstsein getragen sein.

Viel Erfolg in der Sachkundeprüfung und im beruflichen Alltag.

Literatur

Bell, Brigitte/Bell, Martin/Christoph, Uwe/Jilg, Manfred/Kaiser, Dieter/Limburg, Bernd/Oberling, Thomas/Reinmuth, Andrea: Fachkraft/Servicekraft für Schutz und Sicherheit, Band 1: Lernfelder für den Berufsschulunterricht (Lernfeldbuch), 3. Auflage Stuttgart/Gau Algesheim 2014

Bell, Brigitte/Jilg, Manfred/Kaiser, Dieter/Limburg, Bernd/Oberling, Thomas/ Reinmuth, Andrea/Weger, Joachim: Fachkraft/Servicekraft für Schutz und Sicherheit, Band 2: Wissensbasis für Ausbildung und Beruf (Fachkompetenzbuch), 4. Auflage Stuttgart/Gau Algesheim 2014

Berne, Eric: Spiele der Erwachsenen – Psychologie der menschlichen Beziehungen, 15. Auflage, Reinbek 2008

Birkenbihl, Vera F.: Psycho-Logisch richtig verhandeln, 20. Auflage, München 2013

Birkenbihl, Vera F.: Kommunikationstraining, 33. Auflage, München 2013

Ebert, Frank/Foerster, Wolfgang/von Holleuffer-Kypke, Rainer/Jochmann, Ulrich/Otto, Frank/Pfeiffer, Werner: Lehrbuch Geprüfte Schutz- und Sicherheitskraft, 4. überarbeitete Auflage, Stuttgart 2015

Freemann, Arthur/DeWolf, Rose: Die zehn dümmsten Fehler kluger Leute, München 2009

Friedl, Wolfgang J./Matouschek, Erich: Mechanischer Einbruchschutz, 2. überarbeitete und erweiterte Auflage, Stuttgart 2004

Fritsch, Josef/Sailer, Bartholomäus/Schmalzl, Peter: Geprüfte Schutz- und Sicherheitskraft, Fragen, Antworten und Fallbeispiele, Band 2, Handlungsbereiche: Dienstkunde, Gefahrenabwehr, sicherheits- und serviceorientiertes Verhalten und Handeln, 3. Auflage, Stuttgart 2015

Kanning, Uwe/Staufenbiel, Thomas: Organisationspsychologie, Stuttgart 2012

Glass, Lilian: Ich weiß, was Sie denken, München, 2005

Golemann, Daniel: Emotionale Intelligenz, 24. Auflage, München 2015

Hücker, Fritz: Rhetorische Deeskalation, Deeskalatives Einsatzmanagement – Streß- und Konfliktmanagement im Polizeieinsatz, 3., überarbeitete Auflage, Stuttgart 2010

Jochmann, Ulrich/Köhler, Franz/Zeranski, Peter: Sicherheitsservice für den Öffentlichen Personenverkehr, 2. Auflage, Stuttgart 2002

Jochmann, Ulrich/Zitzmann, Jörg: Sachkundeprüfung im Bewachungsgewerbe in Frage und Antwort, 8. Auflage, Stuttgart 2015

Kaiser, Dieter: Fachkraft für Schutz und Sicherheit – Betriebswirtschaftliche Grundlagen, 2. Auflage, Stuttgart 2008

Oppermann, Klaus: Geprüfte Schutz- und Sicherheitskraft, Fragen, Antworten und Fallbeispiele, Band 1, Rechtsgrundlagen für Sicherheitsdienste, 3. Auflage, Stuttgart 2015

Schulz von Thun, Friedemann: Miteinander reden 1: Störungen und Klärungen – Psychologie der zwischenmenschlichen Kommunikation, Reinbek 2010

Spieth, Rudolf: Menschenkenntnis im Alltag, München 1988

Vorschriftensammlung für die Sicherheitswirtschaft, 11., überarbeitete Auflage, Stuttgart 2015

Watzlawick, Paul/Beavin, Janek H./Jackson, Don D.: Menschliche Kommunikation – Formen, Störungen Paradoxien, 12. unveränderte Auflage, Bern 2011

Gerrig, Richard J./Zimbardo, Philip G.: Psychologie, 20. Auflage, Hallbergmoos, 2014

Stichwortverzeichnis

Die Zahlen beziehen sich auf die Seitenzahlen.